抖音、快手、小红书

爆款文案写作

文爵士　著

天津出版传媒集团
天津科学技术出版社

图书在版编目（CIP）数据

抖音、快手、小红书爆款文案写作 / 文爵士著. --
天津 : 天津科学技术出版社, 2024.6

ISBN 978-7-5742-2154-3

Ⅰ. ①抖… Ⅱ. ①文… Ⅲ. ①传播媒介－文书－写作
Ⅳ. ①G206.2

中国国家版本馆CIP数据核字(2024)第103033号

抖音、快手、小红书爆款文案写作

DOUYIN、KUAISHOU、XIAOHONGSHU BAOKUAN WEN'AN XIEZUO

责任编辑：刘　颖

出　　版：天津出版传媒集团
　　　　　天津科学技术出版社

地　　址：天津市西康路35号

邮　　编：300051

电　　话：（022）23332695

网　　址：www.tjkjcbs.com.cn

发　　行：新华书店经销

印　　刷：天宇万达印刷有限公司

开本 670×950　　1/16　　印张 12　　字数 130 000

2024年6月第1版第1次印刷

定价：49.80元

前言

随着抖音、快手、小红书等新媒体平台的崛起，短视频在很短的时间内席卷了大江南北。看短视频、玩短视频成为男女老幼的一大新的休闲娱乐方式。随之而来的，一个能够实现价值变现的新职业——短视频创作者诞生了。越来越多的人看到了短视频领域中海量的商机，义无反顾地投身于短视频创作，成为创作者大军中的一员。然而，随着海量短视频的产生和一波波头部网红的兴衰更替，短视频行业的格局也发生了剧烈的变化：主流短视频平台的用户数量增长日趋缓慢，同时，为了抢夺有限的粉丝，短视频创作者之间的竞争也日趋激烈，大有众人争过独木桥之势。

短视频创作野蛮生长的阶段早已过去，平台和用户对短视频作品质量的要求也越来越高，行业监管制度和措施也日益完善。在这种新背景下，很多创作者不再单凭一腔热血去盲目发布作品，而是将精力更多地投向作品质量的提升上，更加关注创作方法和创作技巧，思考自己的创作方向。

我们看多了就不难发现，爆款短视频的成功很大程度上取决于它们别出心裁的爆款文案。只要创作者们愿意沉下心来，脚踏实地地学习和练习，就能创作出独属于自己的爆款文案！本书就是告诉你如何实现这个愿望。

本书着眼于短视频新手教学及文案写作技能的提升，包含了几乎所有创作短视频主流文案的内容。从认识短视频和文案、向对标账号“偷师”，到学习引流技巧、策划选题的方法、拟定标题的技巧、字幕设计的方法、正文写作的技巧，以及利用最新问世的 AI 创作工具辅助创作文案等，本书对这些内容进行全面且细致的讲解，以满足各类创作者的需求。此外，针对“流量至上”“内容为王”这两个短视频创作的核心要求，本书在内容中特意加入了与“吸睛”“创意”等相关的实用性创作技巧，帮助创作者摆脱俗套的文案内容，快、狠、准地抓住粉丝们的心！

爆款文案不仅是热门短视频的基础，更是当红主播能在短视频平台获得成功的关键因素。创作者只要愿意静下心来认真阅读本书，在创作的过程中就能真正了解目标用户的需求，提炼出核心卖点，讲出感人的故事，创作出优秀的文案，就有机会成为下一位头部网红主播！

无论你是新入行的小白创作者，还是有些经验但不擅长文案写作的老手，本书都会帮你找准定位，发现作品的优势和不足，手把手地教你打造出真正的爆款文案和热门短视频。

目录

第三章 创意制胜，打造文案选题时让灵感爆棚

第四章 爆款短视频文案都在用的标题和字幕写作方法

第五章 短视频爆款文案正文创作方法

第六章 各类爆款短视频文案的特殊创作技巧

第一章

文案好，短视频才容易爆火

第一节 什么是短视频和文案

在网络快速发展的今天，看短视频、玩短视频已经成为新时尚。但很多时候，大家只知道看，却不了解到底什么是短视频，什么是文案，也不知道它们之间又存在着怎样的互动关系。下面，我们一起来探索这个新领域吧。

一、什么是短视频

短视频就是在较短的播放时长内将创作者的想法或才艺等内容表达出来，并借助如抖音、快手、小红书等大众熟知的新媒体平台传播的视频形式。

短视频和电影、电视剧、电视节目等传统的内容表现方式最大的不同在于单个视频的时长很短。短视频是伴随着 4G 手机流量大规模投入使用后兴起的。一方面，受手机“流量”的限制，“短”成为它的特色；另一方面，年轻人是短视频的受众主体，他们的共同的特点是生活节奏快，耐心不足，除工作和学习之外，其余时间呈碎片化状态。短视频刚好满足他们的需求，因此受到了追捧。

除此之外，和传统的图文表现形式不同，短视频的信息量更大，表现力也更强。其在直观性、分享性及时间分配上都极具优势。这也造就了短视频一经问世就受到极大追捧和传播的盛况。下面，可从以下几方面来了解短视频。

（1）时长。短视频的时长一般在十五秒到五分钟之间，这就要求制作者、拍摄者、剪辑者在总体规划下要“会讲故事”，用最短的时间制作呈现出有质量、有吸引力的视频内容。

（2）主题。短视频所选内容要具有一定的话题性、聚焦性。短视频中表达的内容既要有事件，也要有情感的灌注；既要有自己的观点，也要有正确价值观的输出，与受众群体产生共鸣。比如，“985 高才生拒绝年薪百万好工作，辛苦进山去养鸡”，这类标题有主旨、有话题，容易吸引用户的注意力，让用户不由得好奇：是什么样的珍贵鸡种，竟能让 985 毕业的高才生放弃百万年薪，走进大山呢？接下来创作者只需要在短视频中加入自己的观点，将话题引向一个正确的价值观，引起用户的共鸣，这个短视频就算是成功一半了。

（3）力度。短视频播放时长有限，不可能像拍电影那样，先做铺垫，再“放大招”，而要本着“‘招数’可有，但并非必要”的原则，只要表达的内容清晰明了，让人看完就懂即可。比如“惊！ ×× 地惊现 ×××”，用强有力而又直接的方式点出创作者要表达的内容，引起用户的注意。

（4）新奇。通俗地讲，短视频千千万，想要脱颖而出必然要有自己的特点，或蹭热度，或别出心裁。总而言之，离不开“新”和“奇”

这两样法宝。比如，“历史上真的有龙存在吗”。龙是一种很神奇的动物，在我们的惯有印象中它一直存活于各种神话传说中，如果它真的曾经存活于现实会是什么样子呢？又会发生什么事情呢？“奇”这个话题一打开，便会吸引用户的目光，使用户停留下来观看短视频。

二、什么是短视频文案

了解了什么是短视频，我们再来看一看什么是短视频文案。文案就像台词，用语文的力量让受众更清楚明了地去认识和体会创作者想表达的意思。

短视频文案大致可以分为三种。

1. 图文类

这种形式很常见，操作比较简单。创作者将一些与主题相关的图片剪辑在一起，配上对应的文案，再加上一段渲染气氛的配乐就完成了，这也是新手最容易上手的一种类型。

2. 脱口秀或讲课类

这种形式的短视频，拍摄的主角一般是主讲人，文案由主讲人以脱口秀或讲课的形式说出。这种短视频往往因为主讲人要传达的内容比较多，再加上方言、语速等原因，受众可能无法及时理解。为了能让受众清晰明了，要将文案以字幕的形式展现在短视频中。当剧情需要时，如讲到激情、伤感等内容时，可配相关的音乐以增强感染力。

3. 短剧类

短剧形式的短视频目前在抖音、快手等各大短视频平台十分火爆。这类视频大多取材于热门影视剧的精彩看点或经典片段，再配以简洁的文案而成。还有各种原创短剧，可让人们用更少的时间体验到欣赏长剧的快乐，深受人们的喜爱。

要想写好一篇文案，就要在结构上遵循一定的规律，即“是什么—为什么—怎么办”这一思维逻辑，也是“提出问题—分析问题—解决问题”的过程。常用的短视频文案结构有以下两种。

（1）总分总结构。这类短视频大多以一个非常吸引人的内容作为开头。比如“四岁女孩独自在海滩十几分钟后消失，她的家长为何将她独自留在海滩？”把人们感兴趣或是密切关注的热点作为开头引出，接着将前因后果描述清楚，最后做点睛性总结，或以祝愿、互动等文字作为结尾。除了近期的社会热点外，痛点共鸣、争议事件也都是不错的选择。新闻类、知识分享类、美食美妆介绍类等分享性短视频都比较适合这种结构。

（2）并列结构。也就是先提出中心论点，然后再以1、2、3、4……的形式将同类型内容进行罗列，最后点题升华。

第二节 文案有价值，短视频才会上热门

什么样的短视频文案才算是好的呢？文笔好？立意新？还是结构好？从表面上看，短视频文案和我们上学时的写作练习有些相似，但二者之间还是有很大区别的。区别在于：一个好的文案既要生动有趣，更要能起到“吸粉”的作用。这也是衡量文案价值高低的重要指标。那么，价值高的文案都有什么特点呢？

1. 说对话，而非多说话

简单地说，文案就是把话说对，说准确。好的文案就像一个能吸引鱼儿上钩的鱼饵，要把话说到用户的心坎上，而能不能做到这一点，就取决于我们写文案的本领。由于短视频的时长有限，因此，文案质量的高低并不在于字数多少，而是取决于我们写出来的文案能否令用户产生共鸣和主动做出传播行为。比如，“海滩惊现光屁屁海星，真相竟是……”除了这句标题文案，短视频中可以不再出现任何文字，只需要呈现相关图片或视频即可。

2. 选题和素材都很吸睛

短视频的选题就像厨师为顾客烹饪的食物，无论厨师多么用心，

都很难赢得顾客众口一词的称赞。每个人都有自己擅长的领域，我们要想尽快涨粉，就要不断获取最新的热门话题，再与自己的优势领域结合，从中找到用户感兴趣的选题并形成文案，这样做出来的短视频更有可能火起来。那么，我们又该从哪些方面入手搜集热门话题以及培养自己的账号呢？

（1）在热门网站找热点。一般热门网站都会自动生成热度排行榜，如微博热搜、百度风云榜、微信热点等，使我们可以快速掌握热点话题。

（2）在各大短视频平台找热点。如抖音、快手、小红书等平台都有热搜榜、排行榜，可以作为选择热点话题的风向标。

（3）根据自身的短视频风格，通过大数据平台，如新榜，寻找同类型很火的账号，模仿拍同款视频，可以达到推送、引流的目的。

（4）积极参加短视频平台举办的系列活动。比如抖音平台经常会举办挑战赛，要求创作者在规定时间内发布一定数量的短视频或是按规定拍摄某类视频等，这些活动大多意味着“平台要给短视频账号推送流量”。在可能的情况下，账号养成前期可以多参加这类活动，即便没有完成挑战也不会对我们造成不良影响。

（5）适当借热度来“养”自己的账号。比如借助热门影视剧、短剧、综艺节目的热度等拍摄与其相关的短视频，以增加流量。

3. 善用开篇几秒留住用户

大部分人是利用碎片时间浏览短视频的，这就决定了人们没有足够的耐心看完一个平淡无奇的视频。所以，如果短视频在最初几秒钟内没有足够的吸引力，那么用户大多不会继续欣赏下去，而是飞快地划走，去看其他更有意思的短视频。哪怕短视频的后半段十分精彩，也依然失去了呈现给大家的机会。因此，那些高吸引力短视频的文案开篇都设有巧妙的悬念，以激发用户们的好奇心。比如，对于一个介绍新奇植物的短视频来说，令用户产生兴趣的肯定是新奇植物，而如果短视频的开篇几秒介绍的是一座平平无奇的大山，那么，用户还没等到新奇植物出现，就可能已经失去对这条短视频的兴趣，选择直接划走。

4. 善用平台机制提高热度

无论是剧情类短视频还是解说类短视频，文案的配合都很重要，高质量的文案可以利用平台的推荐机制提高短视频的曝光率。例如，高质量文案都善于抓关键点，能切中平台推荐机制的"七寸"，从更容易被平台识别的相关标签入手，为短视频添加准确的标签，如视频的特点、视频所属或相近领域、视频受众等。这样的文案有利于系统识别，帮助用户迅速捕捉到视频要表达的主要内容，这样就能在获得额外流量的同时更精准地吸引到用户。

5. 具有一定的完整性

短视频如果不是以"连续"片段的形式进行表述的（如片段一、片段二……），则大多有相对独立的完整性，能更好地迎合用户用碎片时间观看短视频的习惯。很多高赞量短视频的文案都是以讲故事的形式呈现出来的，大多用场景开篇，能让用户快速沉浸其中。比如常见的“沉浸式回家”类短视频，展现的是一些上班族自己设计和装修的温馨家居，大多从他们下班回到家的那一刻开始记录，直到休息时为止，不仅让观者沉浸其中，还很容易让观者和短视频博主产生共鸣。

第三节 爆款短视频文案的六个特点

每天都有许多爆款短视频在抖音、快手、小红书等各大平台诞生，它们在短时间内的点击量会飙升至几千万甚至几亿。我们细心观察就会发现这些短视频类型不同，风格不同，创作主题也各不相同，但都能极大地吸引用户的兴趣，激发用户参与互动的热情。一般来说，这些爆款短视频的文案有以下六个共同特点。

1. 简短

各大平台上的短视频时长一般在十几秒到五分钟之间。它们简短精悍，便于粉丝高频欣赏视频内容。那些爆款短视频更是力争在尽可能短的时间内增加信息密度，以吸引用户浏览。而内容较为拖沓的短视频则极大地影响用户观感，不但完播率不高，还会影响账号权重，降低平台对该视频的推送量，自然无法成为热门视频。

2. 文案为画面服务

短视频与以往的文字、图文整合类内容最大的不同之处在于视频画面中蕴含着丰富的视觉、听觉信息，更加契合用户的观赏需求，丰富的视听效果成为吸引粉丝的第一利器。短视频文案则是为视频画面服务的。因此，创作者在进行文案创作时，要避免以往针对纸媒的写作习惯，而要根据视频画面的需要进行创作，如果视频中已经完整呈现出内容，就无须再用文字进行描述，以免用户产生“这很啰唆”“画面中已经有了，却又说一遍，很烦人”的感受。文案应重点讲述视频中无法呈现或者被用户忽略、无法直观地了解到的关键细节等。比如“孩子做事拖延都是因为TA”，这个标题能吸引起大部分家长的注意力，这个主题对创作者来说也还算简单，容易发挥。如果创作者在短视频中加入过多的文字描述，尤其是加入理论或数据等内容时，反而会让用户产生枯燥乏味之感，影响观看体验。

3. 语言通俗、接地气

用户在观看短视频时，更多的是通过画面结合声音来综合理解视频内容。因此，短视频的表达应以口语化为主，要通俗易懂接地气，这样才能使用户轻松了解创作者的意图，进而产生认同或共情的心理，对视频进行点赞、转发或评论。反之，如果短视频中频繁出现生僻字、难懂字，或书面语过多，就会影响用户的观赏体验和心情，用户便会直接划走，使短视频痛失关注度。比如，“维生素C应该这么用”就比“抗坏血酸应该怎么吃”要通俗易懂；比如说“疙瘩白”，可能只有一小部分用户能听懂，但如果说“卷心菜”，那么大部分用户都会明白是什么东西。

4. 视频风格独特

每一个爆款短视频都有其鲜明的个性、风格，有的以情绪感染力取胜，有的以观点犀利引得用户纷纷点赞，有的能给用户带来欢乐，还有的有绝美的音画效果，等等。这些短视频的具体表现虽然各有不同，但它们背后都有个性鲜明的创作者在操盘。他们在创作时，会将自己对这个领域独特的理解和认知融入文案，使其成为短视频的灵魂。久而久之，这种风格既成为短视频的独特标签，也成为创作者个人 IP（Intellectual Property，指的是知识产权，如文学、影视、音乐、发明等凝聚原创作者心智的“知识财产”。在当下的网络语境中，IP 的含义多指能在多个平台进行自主传播、获得关注和流量，并得到商业变现的内容、作品、角色或主播）不可或缺的部分，更是其他同类创作者无法模仿和超越的优势。那些没有独特个性的短视频则没有这种效果，很难引发用户的情感共鸣，很难成为爆款短视频。

5. 易引发共鸣

爆款短视频大多能引发用户的心理共鸣，能轻松激起用户内心的情感波动，使用户认同创作者在短视频中表达的想法、观点等。这是因为短视频创作者掌握了用户的心理特点，知道目标用户喜欢看哪些内容。在进行文案写作时，短视频创作者融入了与用户相同的情绪和立场观点，在短视频中表现出强大的共情能力，有利于短视频上热门和涨粉。

6. 互动性强

大部分爆款短视频都自带话题性和社交互动性，能引发用户主动讨论、点赞和转发，这是因为创作者在进行文案写作时就综合考虑了选题的话题性，引入了相应的互动技巧。例如，有的创作者以当下社会争议性较大的事情为选题进行创作，有的创作者以重大节日、纪念日等为选题进行创作，等等。在激发用户欣赏兴趣的同时，给予用户正向心理体验，促使用户产生转发给好友的心理冲动。还有的创作者不仅在短视频中求点赞、欢迎评论，还主动在评论区发声，吸引用户参与互动，不仅提升了短视频的完播率，也增加了用户的黏性和账号权重，更利于平台为其推流将其送上热门。比如，“对 ×× 网红 ×× 事件你怎么看”，这个事件可以是正向的也可以是负向的，创作者在短视频中简洁明了地将事件做了介绍后，可以表达出自己的观点，激发用户的倾诉欲，让用户发表评论或点赞、转发，与创作者产生互动。

第四节 平台不同，短视频文案也有所不同

很多初出茅庐的创作者经常遇到这样的问题：自己辛辛苦苦创作的一篇文案、拍摄的短视频，在不同的平台播放，产生的效果截然不同。比如，该短视频可能在小红书上很火爆，但在抖音上的播放量却惨不忍睹。这是为什么呢？其实，这种现象的发生和不同平台的用户人群特征及平台本身的特点直接相关。也就是说，抖音、快手、小红书等平台各自的特征和各自的用户群体是不完全一样的。比如，我们的文案适合抖音用户的“胃口”，却未必适合快手和小红书用户的“口味”，所以，我们对这些短视频平台及其用户要有较全面的了解，才能创作出有针对性的优秀文案。下面以几个短视频平台为例，分析其各自的特点。

1. 抖音平台——精彩的秀场

作为一款国内爆火的短视频社交软件，抖音的名字在国内可以说是家喻户晓。从风格上来讲，抖音在吸引明星方面一直表现不俗。在热门综艺、娱乐大新闻方面更是遥遥领先。时尚的定位、高资本的投入，都是为了把它打造成炫酷、潮、受年轻人喜爱的社交平台。

从内容来说，抖音更像一个大型秀场，每个人都能利用它提供的“傻瓜式”软件轻松制作出颇具个性化的短视频。从流量分配来说，很多平台将流量向头部网红倾斜，而抖音则更注重每个个体的个性与特点，在流量分配上也更侧重于去中心化。抖音深受年轻用户的追捧。

基于上述特性，具有强烈个性化的定制文案、娱乐风向标式的文案、有深厚文化底蕴的文案、音乐和视频融合度比较高的文案等更适合抖音平台。了解这些后，创作者只要选对创作方向，写出优秀的文案，就更容易获得流量扶持。

2. 快手平台——平凡中自带不凡

快手相较于抖音更“接地气”，更面向平凡的普罗大众，内容多元化，更多的是富于生活气息的短视频，而非各种影视后期效果加持后的“高端局”。当然，快手的剪辑和特效功能也很丰富，满足各类用户将视频变美、变好的愿望。快手通过一系列方式培养起了具有浓重社区氛围、家庭氛围、高黏度粉丝群体的“老铁文化”“家人文化”，形成了独具一格的快手文化圈。

真实的事例配以质朴的语言类文案，具有浓郁乡土特色的文案或更接近平民生活的文案更易于在快手中受到热捧。

3. 小红书平台——“种草”、解决问题的大本营

小红书是以美妆、时尚、购物攻略、生活方式分享等为主要内容的社交电商平台。如果说人们使用抖音、快手等短视频平台是以打发时间为主的话，那么，使用小红书的用户大多带有某种目的性。在小红书用户眼中，小红书像是“十万个为什么”的解答手册，是寻找问

题的答案或分享某些心得经验的最佳帮手。小红书用户认为，在小红书里找到的信息比在其他平台找到的更详尽、实用，更对口味。

可见，小红书具有超强的工具属性，用户在使用小红书时的目的性和主动搜寻性较强。此外，用户即使无目的地在小红书闲逛，若遇到自己心仪的东西或是遇到他人与自己有共同的爱好、生活方式时，也很容易在心里深深“种草”。因此，小红书更侧重于美妆、时尚、生活方式等可以分享、“种草”领域的创作。文案以生活分享类为主的更为吃香。另外，在文案设计上应更看重内容的实用价值，文案的核心是解决问题，内容的真实性是在小红书这个平台上走得长远的关键。

千里马需要伯乐，好的文案也需要适合的平台让它闪光。因此，创作者在创作之前一定要将各大短视频平台的属性了解透彻，这样才能让自己辛辛苦苦创作出来的优秀文案发挥出最大作用。

第二章

短视频爆款文案都是策划出来的

第一节 用产品经理的视角策划短视频文案

产品经理是公司里一个项目或产品的总负责人，既要负责产品的设计、研发，又要负责产品的生产和销售，市场对产品的认可度就是产品经理能力的体现。我们创作的短视频就相当于“产品”，创作者应该用产品经理的眼光看待自己的账号，将眼光放长远；用产品经理的思维策划短视频文案，才更容易找准自己的定位，清楚自己的目的。我们策划短视频文案时，要从以下几方面着手。

1. 了解各短视频平台的特点

我们都知道，当一种产品进入新市场前，产品的拥有者势必要了解这个市场的基本情况，才能有的放矢地抢占市场份额。同理，短视频创作者这个“产品经理”，也必须先进行深入细致的调研，进行有针对性的开发，然后再进入相关领域的短视频“市场”。了解各大短视频平台的不同之处，探究不同用户群体的需求，是短视频创作者创作文案前的首要任务。

前面讲过，抖音平台偏个性化、时尚化；快手平台偏生活化，平民化气息更重；小红书平台更注重于分享和“种草”。有了这些较基础的了解，创作者只需要精准定位，确定自己的文案风格，就能进行有针对性的创作。

2. 从“经营”的角度看短视频

优秀的产品经理要具备老板思维，短视频（产品）策划思路也要从类似“经营”的角度出发，而且要有创新性。对于短视频创作者来说，产品就是自己的账号和一个个的短视频。在创作前，我们应以产品经理的“经营”思维多问自己一些问题，比如，为什么要制作这个短视频？这个短视频有没有爆火的可能性？文案的内容是否有亮点……毕竟，对于短视频创作者来说，做正确的事情有助于自己在这个领域走得更远、更久。

3. 学会做“用户”

优秀的产品经理要有较强的同理心，要会从消费者的角度看待、审视自己的产品。短视频创作者也可以借鉴这个方法，在创作文案时要善于利用用户的痛点，满足用户的心理需求。比如，在短视频文案中增强代入感，使用户产生一种身临其境的感受。如果短视频令用户产生了类似效果，那么，在海量短视频云集的平台上，被用户“一指划走”的次数就会越来越少，用户驻足观看后，很可能成为这个短视频账号的粉丝。

4. 发掘数据背后的信息

产品经理对数据十分敏感，他们不仅能看懂与业务有关的各种数据，还会通过关注数据及时获取重要信息。短视频创作者也应如此，要能看懂平台提供的各种数据，能解读出数据背后的潜在信息，然后能及时根据热度、“风向”调整文案的创作方向，提高每一条短视频的播放量，从而避免热度迅速下降的窘境。比如，同一类型的短视频，有的账号点赞量破万，有的账号点赞量却只有寥寥数个，我们就要思考并分析：这是创作者的水平差距太大还是受平台规则影响的结果？

5. 善于亮出最大“卖点”

优秀的短视频，最关键的要素是什么？

是唤起用户的同理心？还是妙笔生花的文案？又或者是声情并茂的演绎？其实，这些要素虽然很重要，但都远不如首先推出最大“卖点”或“亮点”更关键。

不管在哪个短视频平台，大多数用户只会给创作者两三秒的展示时间，如果在这几秒内激发不起他们的兴趣，那么我们倾注在短视频中的所有努力都白费了。也就是说，如果将短视频比作一个文化产品，那么它的优先顺序是卖点、品相（内容呈现质量）、包装（表现形式）。即卖点是第一位的，要精心打磨短视频的前三秒钟，如果不遵循这个规律，继续沿用传统媒体文案常用的娓娓道来的方式，那么作品很可能沦为用户们的“指尖过客”。说一千道一万，对新手来讲，流量、关注度才是支撑短视频火热的“王道”，而“卖点”就是短视频的开道先锋，品相和包装起的是锦上添花的作用。比如，“神了！这个只有指甲盖大小的东西竟然是充电宝”，其卖点是充电宝的小巧——只有“指甲盖”大小。所以创作者在短视频中首先就要将充电宝的“小巧”展示出来，之后再从颜值、容量等其他方面入手介绍。这样一来，卖点有了，就会吸引一部分有这方面需求的用户关注，如果这款充电宝在颜值和功能上也很有亮点，那么就会激发用户的购买欲，创作的目的也就达到了。

总之，一个优秀的短视频创作者不仅要有广阔的视野，把目光放长远，还要与时俱进，抓住新媒体的特点，将两者结合，把自己的“产品”推广出去，以获取更大的成功。

第二节 贴标签，用精准定位吸引粉丝

很多创作者在短视频创作初期都会遇到播放量不高、点赞数很少的窘境。当你也陷入同样的窘境时，不妨学着给自己的短视频“贴标签”，这个方法可能会让你的短视频的境遇大为改观。

“贴标签”只是一个小小的动作，但是如果没有它就意味着你主动放弃了平台在这方面给予的助力。短视频没有“标签”，系统就无法为你精准匹配相应的用户，会极大影响短视频的曝光率，你的短视频也就无法吸引更多用户观看，后续流量增长就会越来越慢。那么，要怎么做才能给账号快速“贴标签”呢？

一、对账号在垂直领域进行定位

创作者在做短视频账号之初就要明确该账号在短视频领域的定位，要精准定位短视频指向的人群。倘若账号的内容涉及方方面面，过于庞杂，甚至到了短视频创作者都无法将它们进行有序分类的程度，那么平台就无法给视频账号配上统一的标签。请记住，要想把短视频账号做大、做强，有些工作是不可或缺的，特别是账号在垂直领域的

定位。在前期，工作做得越充分，在后期就会吸引越多的精准用户，也会更有利于将用户转化为粉丝以及有利于进行流量推广。例如，音乐类短视频的账号可以选择“歌曲”“音乐”“歌词”等关键词为标签；健身类短视频的账号可以选择“×× 教练”“×× 健身房”“×× 运动”等关键词为标签。

二、了解并学会利用标签机制

每个平台对于用户和创作者账号的标签标记方法以及其各自的作用是不一样的。

以抖音平台为例，有用户标签和创作者标签两种。用户标签是从用户的角度出发，是后台对用户的浏览历史做详细的分类和标记的结果。当用户看到自己喜欢的短视频并做出驻足观看、评论、点赞等操作后，系统就会分析用户喜欢哪种表现形式的视频，会对该用户自动生成用户标签，后续会为用户推送其感兴趣的内容。平台就像用户的贴心人，对用户的喜好样样熟知。生成的用户标签并不会让用户像发布者一样得到收益，却能够决定用户会刷到吃播视频还是种草视频，是刷到小哥哥还是小姐姐的视频……

另一种类型是创作者标签，它们往往与收益挂钩，如果我们想通过制作短视频创收，那么就要对创作者标签进行深入了解。

1. 如何给自己的账号“贴标签”

要学会使用创作者标签功能。短视频创作者进入“创作者服务中心”，点击头像下方的“编辑标签”，找到符合自己创作的短视频类型的标签进行添加、保存即可。还可以在“创作者服务中心”找到“我的星图”进行标签申请。“星图”有自己的规则，要求短视频须符合其要求——“近期发布”及“与标签类型相符”，即可申请成功。

2. 如何让平台给内容“贴标签”

（1）发布垂直内容。这是一种比较容易操作的方式。当创作者发布内容后，短视频平台会自动对该内容进行识别，比如对字幕、语言、人物等进行识别后，为作品“贴标签”。比如，你发布了一个关于海洋环境的短视频，短视频平台在对该短视频内容进行识别后，可能会搜索到“海洋”“卫生”“环保”“环境”等关键词，接下来可能会给这条短视频打上相关标签，那这条短视频更容易被对这些方面感兴趣的用户浏览到。

（2）为短视频作品添加精准的相关话题关键词标签。这会在一定程度上带动流量，但是所添加的话题标签一定要与用户画像匹配度高，也就是说要和自己发布的短视频内容相关。精准的话题关键词的确定也是有据可依的，比如可在抖音官方的“巨量算数”中搜索到关键词，可查看到内容相关度和搜索相关度等相关话题的关键词。比如，大众对吃喝浪费方面的话题关注度颇高，如果创作者做的正好是美食相关的短视频内容时，就可以为自己的短视频添加“拒绝浪费”“光盘行动”等话题标签，这会大大增加短视频的曝光率，可提高短视频的点赞量和评论量。

（3）关注相似短视频巨头，简单来讲就是“蹭热度”。关注与自己的短视频定位相似的巨头，根据巨头的标签不断调整自己的话题和表现形式。这就像创作者举着旗子告诉抖音系统“我在做的短视频类型及风格大概是什么样的”，方便平台快速给你的账号“贴”上精准标签。在巨头的选择上，要以“新”“猛”巨头为主，他们近期涨粉快的趋势很容易带动我们的账号发展，使我们的账号积累出自己的原始数据。换句话说，当我们这么做后，如果有一百个用户给我们的短视频点赞或进行评论，平台就会把这一百个人的数据模型和公域流量池相关“巨头”粉丝的数据模型进行比对，并向符合模型比对的人群进行推荐，我们的作品极有可能被那些巨头的粉丝刷到，也就是说，我们所发布的与“巨头”的作品相似的作品会更容易被推荐到更大的流量池中。

网络时代，流量是王道。为短视频“贴标签”是为了增加短视频的流量，但也不能把什么标签都用上。创作者要选择符合自己短视频风格的标签，并保持作品的质量和特色，只有这样，才能持续“吸粉”，账号才会有长远发展。

第三节 洞察人性，做用户想看的短视频

我们无论从事何种行业，如果想要获得一定的成就，就离不开与各种人打交道，这就需要了解隐藏在人们内心深处的人性。而短视频创作者不论在抖音、快手、小红书等哪个平台发布作品，要做的都是深入分析用户想看什么样的短视频，其实质就是围绕不同受众群体的个性、需求进行运营。从宏观角度看，这是一场对短视频用户注意力的争夺战，创作者只要多花费些心思，牢牢把握用户的内在需求，在文案策划、表现形式、互动方式等方面做足功夫，取得用户的信任和认可，就可让自己的短视频顺利上热搜，进而涨粉，实现变现的目的。那么，创作者具体应该怎么做才能把握用户心理，增加短视频的热度呢？

一、以利诱人，使用户拥有“获得感”

早在两千多年以前，司马迁就曾说过：“天下熙熙，皆为利来；天下攘攘，皆为利往。”这就是人性的核心部分。现在我们来思考一下，为什么一般网络购物平台进行促销时，商品的销量就会有所突

破？比如，为什么“双十一”购物节会出现消费高峰？

不言而喻，无非是价格让消费者感到了实惠。拼团、秒杀、抽奖、推荐得佣金……利诱的方式都是传统网络购物平台经常使用的促销手段，在实践中也取得了不俗的表现。短视频创作也同样遵循这个道理，尤其是推广产品类短视频在这方面表现得更加明显，如进行优惠大促销、放送产品大礼包等方式都能有效“吸粉”。更多的短视频创作者都将重点放在帮助用户拥有“获得感”上，如美妆类短视频中，创作者经常分享一些变美技巧、护肤知识等有价值的信息回馈用户；又如用户通过使用短视频中作者推荐的商品获得了良好的售后服务和意料之外的增值服务等。这些无形的利益有助于提升用户对账号的好感度，提高用户对视频的点赞量或收藏量，大大增加了用户的忠诚度。

二、增强用户的信任感

网络虽然给人们提供了许多便利，但也拉大了人与人之间的心理距离。即便是头部网红，也很容易因一些小事“翻车”，失去用户的信任。所以我们需要设法提高用户对自己的信任度。然而，用户对短视频创作者的信任感不是短时间内形成的，是需要时间慢慢培养的。那么，粉丝对创作者的信任感该怎么培养呢？

1. 以真诚打动粉丝

无论是在现实世界还是在网络空间，真诚永远是一个人最宝贵的品质。如果你想成为深受大众欢迎的网红，那么就必须长期坚持真诚做事，无论你提供的是知识分享、职场建议，还是虚拟产品服务，抑或是实物产品，都要让用户获得满意的体验或实实在在地受益，这样才能赢得用户的信任，提高用户的忠诚度。比如，创作者如果想向用户推荐一款面霜，那么可以自己先进行一个测试，自己亲身体验这款面霜到底好用不好用，用真实结果来告诉用户：它就是好用，就是有效。比如，标题为“主播一百天实测，这款面霜太好用了”，用真诚打动用户，激发用户的购买欲。

2. 利用人性的“弱点”

利用人性的“弱点”这种方式并非只是通过让用户获得物质利益从而取得用户的信任，而是在虚拟的网络世界中拿捏人类心理中的一些“弱点”，如人们大多喜欢被赞美、喜欢占便宜、喜欢得到理解和支持、喜欢看到别人出糗，等等。比如，“今天出门回头率百分之百，我以为今天的自己美爆了，结果……糗大了”。用户既然喜欢看别人出糗，那我们就把糗事“爆”出来，通过适度出糗来吸引用户的关注，获得点赞、转发和评论，这样也可能让自己收获一部分粉丝。

从心理学角度看，很多人更愿意看到和听到自己想看、想听的事情，而不太在意事情的真相和那些中肯、理性的分析。很多短视频创作者也在巧妙利用这些人性的“弱点”，以赢得用户的好感。需要注意的是，创作者要注意把握“度”，创作的短视频既要符合自己的人设，也不能无底线迎合用户的喜好，更不能为了提高关注度而做出格的事或传播违反公序良俗的观点。

三、打造正能量人设

我们每个人都希望自己的生活、所处的环境是美好的，而这必然离不开正能量的加持。我们在各大短视频平台上都能发现，那些充满正能量的短视频或直播都拥有很高的热度，这正是因为“人性向善”而迸发的传播力量。很多网红也是抓住这一点，在一个个火热的“话题”上做“文章”，以积极向善的视角引导消费者理性购物、弘扬社会良好风气等，树立正能量、有担当的网红人设。

俗话说“做事论迹不论心”，不管这些创作者的内心是否真的那么“正能量”、那么“大公无私”，但他们所展现出的行为是有助于弘扬社会正气，有助于营造和谐美好生活的，因此，他们正向积极的人设形象会使账号获得大量流量。而用户也乐于关注、收藏和点赞，并以此为荣。

四、做个接地气的普通人

俗话说：“山外有山，人外有人。”各大短视频平台从来不缺各类能人巧匠，比如文学家、历史学者、技术大咖、医学博士……行业分布广，数量非常多。他们有丰富的知识和专业素养，在老百姓的眼里简直是大神级的存在，跟着他们学习到一星半点儿的知识就很满足了，更遑论超过了。

可是，换个角度想，普通人在世界上占绝大多数，大家也很喜欢那些接地气的不完美的普通人。所以，创作者适当暴露一些自己的“不聪明”和“小缺点”，也会赢得用户的好感。

也就是说，想让用户喜欢我们的短视频，“大智若愚”也不失为一种好方法。哪怕小小地“翻个车”，或暴露出自己某方面的“愚笨”，就很可能会收获意想不到的结果。例如，某当红头部带货主播走的就是这种路线。他在带货过程中虽然“表演”的成分颇多，但是大家就是乐意在他的直播间下单。他将生活中不美好的、“出糗”的地方赤裸裸地展示出来，反而催化了用户对他的信任，拉近了他与用户之间的心理距离。

现实中，有的创作者不考虑用户的心理需求，不理会用户建立在人性基础上的喜好，只一味地追求利益，自然达不到理想的成绩。相反，如果在把握人性的基础上，多做一些娱乐性、知识性等非商业化的内容，看似无须回报地满足一下用户的心理需求，反而可能让自己得到更多收益。

第四节 用好四种思维"武器"，全方位玩转短视频

有一部搞笑的动画片叫《没头脑和不高兴》，片中的"没头脑"做什么事情都不过脑子，比如有一集讲的是他成为工程师后，设计的摩天大楼里居然没有安装电梯！看后令人啼笑皆非。动画片内容虽然简单，寓意却很深远。现实中，还真有创作者就像"没头脑"一般，在前期考虑事情过于简单，导致后期执行中产生各种各样的问题。因此，创作者如果希望自己的短视频能火出圈，能圈粉无数，就要掌握短视频行业的核心思维，而不是仓促上阵，敷衍了事。

一、具有利他思维

短视频的创作不能只考虑自己而不顾及他人的感受。如果一个创作者想让自己的短视频具有强大的"吸粉"能力，就要精心制作一些有用、有价值的内容，要让用户从中学到或得到什么，要让用户有所收获，这就是让短视频具有利他性。那些爆火的短视频大都遵循了这个原则，自然也得到用户们的垂青和支持，短视频账号自然而然地就

拥有了无数粉丝。在短视频领域，常见的利他思维可分为知识型利他思维和情绪型利他思维。

1. 知识型利他思维

知识型利他思维就是用颇具吸引力的方式为他人提供免费的知识服务，用这样的方式增加粉丝数量，提高短视频的影响力和变现能力。这类创作者主要采用制作教学类短视频和直播的方式传播内容，让用户能够学到一些真正有用的知识和技巧，有助于用户解决工作和生活中的部分难题。例如，办公室软件的便捷使用方法，剪辑软件的使用技巧，拉丁舞教学，等等。不过，这类短视频虽然很受欢迎，却需要创作者有丰富的知识储备和专业的见解，不是人人都可以涉足的。

2. 情绪型利他思维

短视频内容为用户提供正向激励或情绪抚慰，使用户在情绪、情感方面得到满足。这种方式使用户有较好的情感共鸣和情感体验，十分利于涨粉，利于提高短视频创作者的影响力和账号的变现能力。创作者大多选择社会英雄、家国天下等感人内容，达到的效果颇佳。例如，2021 年 7 月，郑州市遭遇了前所未有的“7・20”特大暴雨灾害，某国产运动品牌向郑州捐赠 5000 万元物资，在网上赢得一片赞美之声。当时，亏损多年的该品牌已经濒临破产，但是在国家有难之时，仍然主动捐赠大量物资。这件事在网上传开后，全国无数网友大为感动，一夜之间由路人转为该品牌的粉丝，纷纷出手购买该品牌产品以表支持。此事不仅使该品牌一举脱离困境，还使该品牌收获了一大批忠实的粉丝，成为 2021 年度热门事件之一。这件事就是情绪型利他行为产生巨大良好效应的典型事件之一。

二、树立个人品牌思维

品牌就是某商品或商品系列在消费者心目中的认知程度，而品牌拥有者对这个品牌的认知、期望和运营方式等共同组成了品牌思维。每一位短视频创作者就相当于一位品牌拥有者，是独一无二的个体，因为自己独有的特色，先天就具备精心打造独特品牌的条件。对于短视频创作者来说，树立个人品牌思维是很有必要的。一旦树立了个人品牌，那么，短视频创作者的人设也就基本立好了。立人设的方式有多种，例如利用动作、相貌、语言或个人风格等自身独具的优势、特点，吸引更多的用户知道你、关注你，进而成为你的铁杆粉丝。在此基础上，悉心经营，使自己逐渐成为家喻户晓且长盛不衰的个人品牌。

三、撬动流量的杠杆思维

我们都知道一个人的力量是有限的，而那些网红们都是善于借助外力助推自己发展的聪明人。在他们眼里，短视频的内容是核心，流量是助力，缺少了流量的加持，再好的作品也很难成为爆款，这时候就需要使用一些方法来撬动流量的杠杆，比如“蹭”热点、“傍”热度等。当然，热点也不能盲目地“蹭”，而要结合自身定位，选择符合自己人设的热度，否则很可能事与愿违。一般来说，撬动流量杠杆的方式有以下三种。

1. 撬瞬时热点杠杆

瞬时热点也就是瞬间爆发的热点，例如，抖音热点榜、微博热搜以及各大平台的热榜头条等。创作者可以及时选择适合自己短视频定位的热点事件，就该事件发表自己的看法和分析，这样做，也会收获一波流量。不过，瞬时热点的可持续性较弱，创作者在“蹭”这样的热点时速度一定要快，以免时效性降低，受到的关注随之减少。

2. 撬火爆热点杠杆

这种热点在爆发前大都有迹可循，比如某某明星定于某月某日于某地开演唱会，某某明星要在某平台进行直播，等等。此外，还有在平台上忽然火爆的一个段子、音乐或特效，许多明星、网红、大 UP 主都争相模仿。这类热点给创作者留有较多的筹备时间，创作者可以认真策划，以“蹭热点”。创作者还可以模仿近来爆火的段子或特效，蹭一波流量，比如，“某某同款 ×××，你也值得拥有”“全网爆火的 ×××，看我这是吗”等等，借此向用户展示自己的某些特长或人设，达到增加粉丝黏性、收获新粉丝的目的。

3. 撬洪流热点杠杆

所谓的洪流就是正在发生的大趋势事情。这类热点持续时间相对较长，适合创作者多角度追踪热度。比如，持续的国际争端，大经济环境下金价可能上涨，等等。这些事件本身既有关注度又具有争议性，每每出现都会受到用户的热烈讨论，创作者如果一直做的是相关热点内容的短视频，就可以通过抓住这些事件的热度，做一期甚至多期跟踪报道，这样既能增加自己的短视频流量，还能提升账号的知名度。

四、与时俱进的同步思维

变化才是永恒不变的规律。在新媒体时代，创作者唯有及时创新才会成为时代的“宠儿”。创作者要做一个有心人，与时俱进，探索出使短视频更好、更新、更受欢迎的创作技巧。此外，创作者还要时时关注平台推出的新举措、新活动，并将其与自己深耕的领域结合，抓住平台给予的一个个新风口，借势而上，才能更快地成为有影响力的短视频博主。比如，最近农业发展备受重视，某个短视频平台与时俱进，推出了和农业相关的短视频奖励政策。那么，创作者则可以在与自己账号定位相符的情况下，借助此新风口，抓住机会，创作一些和农业有关的，有自己见解的相关短视频，这样既配合了平台的活动，又受到用户的关注，赢得了流量，何乐而不为呢？

第五节 防封号，巧避短视频“禁忌区”

我们知道，短视频作品需要借助强大的平台力量进行传播和推广，而平台为了保证相对的公平性，制定了相应的规则。因此，每一位创作者，特别是刚入行的新人一定要熟悉自己账号所处的短视频平台的规则，以免因违规影响账号正常运营。下面我们来了解一些常见的短视频雷区和规避方法。

1. 侵权行为：如盗用、复制、搬运他人作品等

在各大平台，有的创作者并非有意盗用或搬运其他人的短视频，却被平台判定为侵权，这是为什么呢？其实，这主要是因为创作者对侵权行为了解不清晰或制作短视频时疏漏所致，创作者在追热点时尤其容易出现这种情况。要解决这类问题，需要创作者既要在短视频文案的标题方面与其他同类作品有所区别，又要创作观点独特、有自己鲜明风格的文案。文案创作完成后，再利用网络版权检查软件对文案进行检查，便于发现自己疏漏或有可能侵权的地方。创作者要避免整段选取他人的作品（包括视频、图片和文字）作为素材进行使用，避免发生侵权行为。另外，如果创作者需要使用受到版权保护的视频和

图片等，一定要取得相应的许可后再使用。这些方法都能帮助创作者降低作品被系统判为侵权的概率。

2. 有不文明行为或用语

每个人都应使用文明礼貌用语，在网络世界，我们也要严格要求自己。日常生活中，有些人会有粗俗的口头语或不文明的语言表达方式，在各大短视频平台，这些是被明令禁止的不良行为。当作品中出现脏话、侮辱性质的词语等不文明用语时，就会被系统检测到并判定为违规。一旦被判定违规，轻者，短视频无法发布；重者，会被平台限制账号的部分功能；更严重时还会受到用户大量投诉，可能导致账号被永久封禁，对创作者造成严重的不良后果。因此，创作者一定要养成良好的文明用语习惯，不能将脏话或者带有侮辱性质的粗俗用语展示在作品中。这既是个人素质的表现，也是作为一个潜在的公众人物的基本道德要求。

3. 有违法行为，如广告诈骗、售卖假货、售卖违法违禁商品等

抖音、快手和小红书等平台是允许创作者以视频的方式进行广告宣传、带货卖货的，但前提是创作者要先在平台取得相应的认证和许可。同时，创作者要注意不能售卖假冒伪劣产品以及违禁商品，一旦因为这些情况遭到用户投诉，平台就有可能对账号进行封禁。其实，身为刚入门的新手创作者，申请成为平台的带货达人，在平台提供的官方商城中选择与自己账号风格接近的商品进行推广，这种带货方式相对来说比较稳妥。毕竟，官方商城中的商品都是经过平台官方认可的，不用担心假冒伪劣及违禁风险，而且平台还会明码标价给出创作

者带货的佣金数额，这既能为平台增加营收，也能为创作者带来经济回报。

4. 存在刷分、刷赞、买卖粉丝、账号交易等违规行为

有的创作者看到自己的短视频播放量一直在低位徘徊，账号粉丝数量也迟迟不上涨，在焦虑中就会病急乱投医，采用“刷分”“刷赞”等平台禁止的方式提升账号热度。殊不知这种行为很容易被平台发现并被处罚。此外，买卖粉丝和账号这类交易行为也是平台明令禁止的。这些行为违背了平台倡导的公开、透明、公正等原则，损害了其他创作者和用户的权利，扰乱了平台秩序，且容易产生纠纷或诈骗等后果，一直是平台重点打击的行为。对创作者来说，认真研究新媒体发展规律，精心创作每一个短视频内容才是制胜的关键。

5. 涉及种族、国籍、地域等的不文明言行

有的创作者在以某些地区发生的社会热点为主题制作短视频时，可能因为没有把控好文案的尺度，从而引发网友对地域的偏见，甚至诱发一些网友发表侮辱性留言，形成不良的舆论导向，甚至引发用户大争论。各大平台对这一问题一直持严格禁止的态度，一旦发现这种情况就会给予创作者较为严厉的处罚。所以，短视频创作者在作品中不能发表侮辱他人性别、民族、种族、国籍、地域等的言论，必须严格遵守相关规定，以免违规，导致账号被封禁。

6. 短视频中包含色情、低俗、血腥暴力、侵犯未成年人及其他违反法律法规或有关政策的内容

侵犯未成年人的隐私是需要负法律责任的，各大短视频平台非常

重视对未成年人隐私的保护。有的创作者在作品中使用了与未成年人相关的视频或图片资料，就有可能触犯平台规则或引发纠纷，因此受到处罚。创作者尽量不要使用这类画面，或在使用时要利用打马赛克等手段保护其隐私，还要注意不能在作品中透露未成年人的姓名、年龄等具体信息，保护其合法权利。除此之外，创作者在创作作品时还要避免使用含有色情、低俗、血腥暴力的画面素材，以免产生不良影响，遭到投诉或受到平台处罚。

7. 假冒他人或明星网红账号

有些创作者为了尽快涨粉，会做伪名人账号，例如自己明明不是明星、著名网红或专家，却冒用他们的名字，或使用容易被人混淆的类似名字。这种行为会引起很多用户反感，也容易引发投诉，自然易被平台封号。如今，各大平台对此类营销号打假力度越来越大，创作者需要改变这种“占便宜”的做法，要选择适合自己的赛道尽快转型，把心思放在踏踏实实做出高质量短视频上。

第三章

创意制胜，打造文案选题时让灵感爆棚

第一节 以对手为师，拆解对标账号

看起来存在竞争关系的“对手”——优质同类短视频，从另一个角度来讲，也可以成为我们的“师父”。拆解优质对标账号进行分析也是一种学习方法。只要掌握了学习方法，那些具有持续热度的优质账号都可以成为我们的研究对象。

对标账号中的高点赞量短视频大多在某些方面有出色的表现，比如实用性、趣味性或专业性等。我们可以对其进行深入分析，从选题的角度、文案的写作手法等多方面进行学习。例如，对标账号是如何选题的？是怎么表达自己观点的？是怎样吸引粉丝积极参与互动的？当然，各大短视频平台高手云集，不管是抖音、快手还是小红书，都有许多优秀账号，我们不可能见一个拆解一个，而是要根据自己的需求进行选择和拆解，取长补短，完善自己的短视频作品。

一、选择合适的对标账号

很多刚入门的新手创作者都喜欢“抱大腿”，认为对标头部网红账号会让自己有更多收获，但其实效果可能并不理想。一般来说，头部网红账号的背后并不是一个人，大部分都是由团队运作，很可能有资本进行大手笔投流（付费买流量）。因此，新手创作者在选择对标账号时应尽量避免选择头部网红账号，而是从正处于成长期的网红账号或腰部（中部）账号入手，寻找合适的借鉴对象，作为自己的对标账号。如果感觉无从下手，可以通过对网红账号的作品数、点赞数、粉丝数量等方面进行考量，对数据表现良好的多个账号进行对比，选出自己满意的对标账号。头部网红账号各方面的数据肯定非常好，但相应的，该账号背后的团队也是花了大力气创作作品的。身为新手创作者，我们并不能完美地将它复刻出来，所以就不要继续死盯着那些头部网红账号了。我们可以看看那些新近做起来的，同时拥有稳定、快速粉丝增量的账号，分析这类账号下每个短视频的点赞量和评论量等，这样做才更有价值，更有可能抓住流量密码，让自己的账号快速涨粉。

二、拆解对标账号选题的方式

学会拆解对标账号的选题，这是短视频创作者需要具备的最基本的能力。一般来说，短视频选题要能够引起并满足特定受众的兴趣和需求，也就是要具有相关性和针对性。创作者可以借鉴对标账号的选题策划技巧，提高自己的创作水平，为自己的账号增加吸引力，提升用户的参与度。具体来说，创作者在研究对标账号时，可以从流量、转化、深度及内容四个方面具体分析相关短视频的选题特点。

1. 高流量类选题

这类选题的主要特点是能带来较高的流量，提升作品和账号的曝光度，其来源大多是各类热榜和突发性新闻事件。创作者要了解对标账号中哪些选题与热点排行榜、各方测评、品牌排行等内容相关，充分分析，学习对标账号在选题和文案等方面的创作技巧。

例如，对标账号是如何将自己的账号风格融入热门话题的？其某个观点是如何创新且具有独创性的？该视频是怎么产生吸引力的？

分析之后，创作者也可以将类似的选题技巧运用在自己的作品中，以提高自己账号的流量。但这类选题的不足之处是其带来的用户大多是缺少忠诚度的用户，精准用户较少。

2. 高转化类选题

这些大多属于偏“种草”类的选题，例如产品讲解、产品测评等。它们针对性强，不利于短时间内增加大量用户，但对精准用户吸引力较高，能提高购买转化率。我们在分析这类对标账号时，应重点了解这类选题的策划角度、点赞量、带货量及用户评论等信息。

3. 深度讲解类选题

这是类似于探讨、解决问题的一类选题，创作者针对用户关注的问题、难题等进行较为专业的知识分享。这类选题与娱乐和资讯类选题相比具有一定的深度，既能增加现有粉丝的黏性，也能提高对精准新粉丝的吸引力，比如“如何适应新职场”“××不会告诉你的行业秘密”“美国加息的幕后原因”等。创作者在分析这类选题时可以重点从选题范围、策划思路以及提炼选题亮点的技巧方面入手。

4. 内容类选题

新手创作者大多选择和自己处于同一赛道的高人气账号作为对标

账号，各方面均有一定的相似性，比如行业、专业、职业、兴趣等。我们可以着重借鉴对标账号在该细分领域中的选题范围，可以分析其选题选择偏好，了解其对该领域知识的掌握程度等，以扬长避短，在同一赛道中策划出有自己鲜明特色的选题。

古语说："三人行，必有我师焉。"短视频之路上有无数的优秀同行者，他们都有各自的优势和特色，都是我们的优秀老师。因此，寻找对标账号，借鉴他们的优点，规避他们的不足之处，是新手创作者提升自己的选题策划能力，增加粉丝和流量的有效途径。

第二节 借外力，请相关领域的高手做我们的创作“高参”

随着短视频行业的飞速发展，越来越多的人开始关注并参与其中。可有些人想得简单，闷头搞闭门造车这一套，结果短视频流量惨不忍睹。事实上，网络媒体本身就具有不断向外延伸，不断吸收新鲜事物的特征，如果我们不能顺应这一点，甚至是背道而驰，最后只会以惨败收场。我们学会借外力，寻找专业人士做“高参”是非常重要的，专业的老师、有实战经验的人甚至是身边做短视频的朋友都是我们借鉴、学习的对象。学会借力打力，有效参考，善加利用，我们才会创造出更优秀的作品。

一、请专业媒体人做我们的选题参谋

大部分媒体专家具有丰富的经验和独到的见解，在选题方面，专业人士可以帮助我们获得在众多领域和素材中筛选出适合短视频表现的选题和内容的能力，也能为我们的创作提供一定的灵感和方向。通过专家的指点，我们可以将市场趋势看得更清楚，将用户需求看得更

明白，从而创作出优秀的作品。

1. 让专业人士助力我们深化对选题的认识

从宏观角度来讲，短视频的选题是至关重要的，一方面，从选题自身讲，创作者不仅要考虑目标受众、视频风格、创意点等因素，还要学会结合自身特点，筛选主题，努力提升短视频的独特性和吸引力；另一方面，为适应市场变化，创作者还要时刻关注用户反馈、事态波动等不确定因素，根据这些因素及时调整和优化自己的短视频创作，以获得更好的“收视率”。

我们常常需要借助专业人士的“头脑”和力量，使自己的短视频选题和内容“稳、准、狠”。

2. 从整体层面把控选题方向

可以从以下四个方面着手，为短视频寻找合适的选题。

（1）关注热点。创作者可以从社会热点、流行趋势和新兴事物等方面寻求热点，但要注意“蹭热点”时不要盲目，而要寻找与自己的账号定位相关的内容。比如，“惊！学生笔中藏真刀”“‘解压神器’萝卜刀为何风靡校园”等和校园有关的话题一直都是社会热点，能引起不少用户的共鸣。比较偏向社会热点方向的账号可以多关注这类内容，寻找最新热点，进行相关短视频选题的创作。但要注意，不要触碰敏感话题。

（2）寻求痛点。社会中存在的问题和矛盾都有“槽点”可寻，极易引发大家讨论，产生热度。创作者可以从这些方面入手，从专业的角度分析问题、解决问题，引起用户的共鸣。比如，“加班 or（或）不加班，你的选择是？”“加班”一直是打工人热议的话题之一，在倡导正能量的大前提下，创作者可以抛出这样一个痛点，引起用户的共鸣，激发用户的吐槽欲，就这一问题展开热烈讨论。

（3）进行调研。如果短视频目标群体确定，为了制作出更符合目标群体的短视频，我们可以对目标群体进行深入调研，走近他们，了解他们的兴趣爱好、需求和关注点，然后在抖音、快手、小红书等平台选择适合自己的创作领域，使短视频内容更具吸引力。比如，“你喜欢线上购物还是在实体店购物”。这类话题既能了解用户的购买习惯，又能适时推出相关的购物渠道；既能提高短视频的话题性，增加流量，又能带货变现。

（4）借力打力。创作者可以根据自身的优势，选择适合自己的主题加以发挥，提高短视频的独特性和吸引力。比如，如果创作者是医生，则可以发挥自己的学科优势确定选题，进行内容创作。

二、倾听实战派人士的建议

专业人士给我们提出的是建议，是短视频创作的大方向，而创作者需要把行动落实在实操上。而具有实战经验的成功者可以根据其亲身经历为我们提供宝贵的建议，会对我们提高短视频的创作水平有很大帮助。

1. 帮助我们筛选选题类别并对其“包装”提出建议

短视频的类别五花八门，但并不是每一种都受用户欢迎，这就需要我们在倾听实战派人士建议的基础上进行选择。在自己的专业领域内，在实战派人士的帮助和建议下，选择一种选题类型，进行包装及升级。就经验来讲，市场上具有一定认可度的选题类别主要有以下几种。

（1）剧情类。类似迷你版的电视剧，演员根据文案脚本进行演绎。

（2）知识类。以“专业”“学识”出圈，可学习性较强，可以帮助用户了解“自己不知道的那些事”。

（3）搞笑类。可以以社会问题、为人处世的方法等为素材，引发用户思考，也可以单纯以搞笑的形式对社会热点进行演绎。

（4）才艺类。展现自己的才艺，演唱、演奏乐器、表演口技等都可以成为短视频的内容。

（5）生活类。情感、美食、穿搭、化妆、母婴、健康等，用户可以从中学习到一些实用的小技巧，解决一些生活中的困惑和问题等。

（6）影视类。对影视作品进行二次创作，如影视解说、影视混剪等。

（7）新奇类。以奇特的点来吸引用户眼球，如技术流、鬼畜、秘境探索等。

（8）文化类。如国学、哲学、历史等。

2. 帮助我们考虑选题维度

（1）热度。短视频的内容，话题度高才会引来更大流量，一般而言，大众的关注度是选题的参考点之一。

（2）难度。关注自己或创作团队的实力，斟酌一下：我是否在技术水平上过硬？如果选择难度较大的选题，我有没有实力去完成？

（3）差异。短视频平台从来不缺竞争者，在众多优秀大佬共存的领域，我区别于他人的点是什么？独特点在哪里？

（4）行动成本。简单来讲就是短视频的传达度，用户在看到我们的选题、内容后，能不能看得懂、品出味，这也是短视频成功的重要因素。

3. 助力我们对选题进行加工

前期工作结束后，我们要将选定的短视频选题进行再加工，才能让它更具吸引力。首先，如果选题已定，就要对其内容进行盘点和梳理，在有效的时间内，搜集好关键信息，快速地按照一定的顺序将内容、事件加以呈现；其次，打蛇打七寸，要抓住核心点，提炼内容中的核心信息，使视频一直保持热度；再次，对某一内容、事件要进行多角度切换，保持内容或事件的新鲜度，如果是分波“吃瓜”，也要引起不同吃瓜群众的关注。另外，从小视角切入也是一个不错的方法，一个故事、一个举动、一句话……从小视角、小角度展开，影射某种现象，这种方法也格外吸引用户。

当然，不仅专家和实战经验丰富的人士可以成为我们的“外援”，身边做短视频的朋友同样会为我们的创作提供许多宝贵的建议。我们可以邀请他们一同观看视频，听取他们的建议，借鉴一下他们的想法，学习他们成功的经验和技巧，从而更好地提高自己。

第三节 打造丰富的素材库，让海量素材激发灵感

短视频的灵魂是文案。无论什么类型的短视频，不管短视频作品是发布在抖音、快手还是小红书上，都离不开文案的加持。但是，并非人人都能写出一篇优秀的文案。有的人不善于写作，也有的人在写过几篇文案后便难以继续。即使是文学爱好者，持续不断的内容输出也会使他们感到力不从心。这种现象在短视频创作者群体中十分常见。那么，我们应该如何不断扩大素材来源，激发创作灵感呢？下面介绍几种常见的素材来源，以为创作者提供丰富的创作素材。

一、从生活中寻找创作素材

俗话说："艺术来源于生活。"生活中其实隐藏着许多有价值却又不起眼的创作素材，创作者就是要将搜集到的零散且有用的原始素材进行加工、重组，最终创作出一个优秀的作品。所以，无论是个人经历、自己之前的作品，还是对某物、某事所进行的思考，都可以在不经意间成为我们的创作素材。有的创作者平时有记录习惯，或是经常在朋友圈或其他平台发表随感，那么，可以时不时地回顾它们，没准

就能从中找到新的创作灵感。或者还可以做一个生活类账号，把自己生活中的点滴内容进行加工处理后，发布在短视频平台。各短视频平台有不少这样的短视频账号，有不少用户喜欢这种“真实”的生活片段，这样的短视频也能吸引不少用户关注。

二、从外部渠道获得

在这个信息大爆炸的时代，在网络上便可以找到我们想找的大部分素材。对于个体来讲，个人的思考能力有限，从生活中获取的素材也存在局限性，要想做出爆款短视频，就需要通过外部渠道来获取有价值的素材。下面来看看常见的获取素材的外部渠道有哪些。

1. 社交圈

如今，我们使用最多的就是各类社交软件，比如微信、微博、抖音、快手、小红书等，这些社交媒体平台具有风向标的作用，不仅可以帮助我们了解时尚、体育、娱乐、生活等各个方面的最新动态，也有助于我们寻找素材。

2. 各种社群

除了最常见的微信群，我们耳熟能详的社群还有贴吧、豆瓣、知乎等。这些社群中呈现的素材的特点是类型相近，但倾向性略有不同。贴吧比较大众化，像是一个吐槽的大广场；知乎专业一些，话题也比较丰富；豆瓣更显清新，没有针锋相对，且在书籍、电影、音乐方面均有涉猎；微信群则具有浓重的生活气息，而专业能力较强的达人可能会组织志同道合的朋友就某一个领域的知识进行切磋……这些社群所传达出的一切都可能成为我们灵感的源泉。

3. 新闻和知识信息网站

这种途径十分广泛，包括各大新闻网站、公众号、论坛、知识类网站等，大部分我们想找的信息都在其中。文案人常用的素材网站有以下几个。

（1）文案狗。网站以创意文案为主，其中不乏优秀的文案，更有丰富的名人名言、好词好句、金句诗词等。网站里的文案不仅是朋友圈语录的终极汇集地，也是短视频文案素材小宝库。

（2）TOPYS。大神代表作品汇聚地，涉及的领域包含广告、文案、创意、设计、艺术等各方面，是短视频创作者寻找创意和灵感的优先选择。

（3）虎嗅网。资讯类网站，涉猎范围较广，渗透至各行各业。因为它更新较快，具有一定的热点效应，适合我们获取新素材，也是短视频创作者寻找灵感的不错选择。

（4）91 运营网。知识输出类网站，不仅有丰富的运营信息和运营知识，在文案写作方面也能为创作者提供不少帮助。特别是刚刚从事文案写作的小白，当我们遇到难题时，可以在这里寻求相关帮助。

（5）梅花网。广告作品和文案的聚集地，不仅有海量的营销作品，还有榜单排名，能让我们通过品鉴众多的优秀作品来获得新的创作灵感，并引发其他方面的思考。

4. 线下渠道

除了网络，线下阅读书籍也是获得素材的一种不错的方法。书友会、知识讲座不仅会让我们在交流中得以放松，也可能会让我们有意外收获。我们不仅要多与人接触，积极融入社会的大圈子，还要相信不是只有互联网能让我们获得知识，“分享”也会给我们带来惊喜。

当你感觉自己的创作面临瓶颈或灵感即将枯竭时，不妨走出自己的舒适圈，去发现更大、更远的世界。你一定会享受到新世界带给你的惊喜。

第四节 扎根用户，从用户的诉求中找灵感

如果你的短视频账号已经有了一定的用户基础，且精准用户较多，那他们所提出的诉求和建议更有价值。因为他们更加了解你的短视频风格，所以你可以从其建议或诉求中借鉴一二，来拓展自己的思路。那么，我们如何从诸多用户的诉求中准确地寻找到创作灵感呢？这项工作并不是大海捞针，反而有章可循。

1. 改编热点事件

以热点度高低最分明的微博为例，近年来发生过四次使微博瘫痪的大事件。第一次，某知名演员宣布离婚；第二次，某演员离世；第三次，某两位明星的恋情公布；第四次，某两位演员宣布结婚。每次事情发生后，这些演员、明星的数量众多的粉丝在网络上迅速聚集，使话题的热度居高不下，不仅引来大批吃瓜群众，更有一批人因势而起，利用这些事件火了一把。

这些热点的辐射力到底有多大？比如，某男明星仅在微博上发布了一句话，便使该条微博的热度直冲云霄。有了如此高的热度铺垫，

各大网站博主、UP主（主要指在视频网站、论坛等平台上上传视频、音频或其他文件的人）及大小粉丝纷纷掀起了模仿的热潮，带火了一大堆博主及各类公众号。

在这个事件中，该男明星发布消息后的几分钟内，源源不断涌入的吃瓜群众就使微博服务器瘫痪了。而这一天恰好是该网站负责相关工作的工程师结婚的日子，这位工程师把婚礼时间推迟了一会儿，赶紧先将漏洞补上。这位工程师没有想到自己无意间立了一个“敬业”的人设，其粉丝数量随之就超过了三万，他也从默默无闻的程序员一跃成为网络技术界的红人。由此可见，热点的力量是十分强大的。

2. 梳理事件脉络，简单阐述，解答粉丝的“刨根问底”

通常，像上述这类热门事件曝出后，短期内就会迎来第二个爆点。这是因为还会出现相关人物、工作室回应等后续事件。这时，创作者需要做的就是把热点事件的起因、经过、结果做一个简单梳理，再配上有自己独到见解的文案，就可以让自己的短视频小火一下。需要注意的是，创作者对热门事件不要添加过多的臆想，自己的观点要独特而不是天马行空的奇特，以免引发不必要的纠纷和不良影响，导致自己的账号“脱粉”。

3. 以点赞数来了解粉丝诉求

以微博热点事件为例。一个爆点十足的微博，其评论的火热程度自然也不言而喻。我们不仅可以通过评论看到粉丝的主观意向及所持观点，还可以从点赞高的评论中寻找创作灵感，可以对大部分用户所认可的信息进行加工、创作。当然，造谣、恶意讽刺、抨击他人的作品是不可取的，创作者们在追求热点的同时，也要努力营造一个良好的网络环境。比如，×× 明星捐款事件上了热搜，创作者追踪到这个热点，并对其进行加工处理后，发布的一条短视频受到网友热议。其中有两条评论点赞数非常高，一条是夸赞这种行为，认为公众人物就该“取之于民，用之于民”；另一条则是阴阳怪气，冷嘲热讽。身为创作者，这时候应该引导舆论走向，让用户的关注点落在捐赠这件正能量的事上。

4. 争议点也是素材的来源

通常在网络中能用得上“争议”一词的事件必然存在一定的热度。但在短视频中要谨慎使用有争议点的素材，以免给自己惹麻烦，在此不再赘述。

第五节 换视角，把普通选题做出新花样

有时，大家都以相同的选题做短视频，为什么有的短视频一夜爆火，而有的短视频却无人问津呢？除了内容、音乐、拍摄等原因之外，还有什么环节是重要的却被创作者忽略了呢？怎样才能让普通的短视频化腐朽为神奇，迅速出圈呢？

一、把常规选题策划出新花样

1. 以“种草”式带货方式代替单一推销

如果你的账号在平台上平平无奇，但为了带货而一味地夸产品如何好，那么，带货效果就不会太理想。现在，大多数用户对网络上的带货持冷静态度，而那些大网红带货场面火热是因为他们前期奠定了坚实的基础，培养了粉丝的信任感。

如果你账号的粉丝量无法与网红账号相提并论，却又人云亦云，那最后只能惨淡收场。其实，换个角度做可能会有意想不到的效果。以美妆类账号为例，大声叫卖不如在镜头前安静地给自己画个美美的妆，同时讲解如何养颜、美白，如何画眼影、眉毛、腮红，如何选择

口红的色号，干皮和油皮的不同养护方法等。如此一来，带货主播摇身一变成为美妆达人，不仅可以精准锁定用户，还能种草带货，这种方法比直接叫卖“精致”许多。

2. 以接地气的表达代替知识的硬性输出

从抖音、快手以及小红书等各平台的热度排行中我们能看出，现在的年轻人不喜欢理论叙述，即使是教历史、地理的知名教授，有时也可能不如那些风趣、幽默的普通老师更受欢迎，用粉丝们的话讲就是“知识本就无味，何不来些趣味”。这些现象也给专营知识分享类短视频创作者提了醒：倘若我们本身并不幽默，而是严肃派，可以考虑将知识的硬性输出改成接地气的输出方式，比如，将“新车如何进行操作”的死板话题改为“买了新车要注意避哪些坑”；将“如何进行理性投资”改成“投资避坑指南”；等等。这样的标题文案，能勾起用户的观看欲望，想要对内容进一步了解。如果短视频的内容也言之有物或者颇有深度，自然就能赢得用户的点赞或评论，流量就来了。

3. 以有主题的剧情代替随意演绎

剧情类短视频的创作者可以将零散的剧情做成系列化、有主题的剧情，围绕人物或事件背景整合桥段，将故事做长、做细、做精彩。比如初入职场系列、回娘家系列、单身狗系列、撒狗粮系列等。系列剧的特点在于有延续性，只要有一个短视频做得精彩，用户就愿意去翻找我们账号中的其他内容进行观看，从而带动视频的流量。此外，创作者还可以将一个精彩的短视频分为上下两集进行发布，只要在上集的结尾留下足够吸引人的伏笔，就能让用户等待观看下集，并在下集的开头设置情景回顾，就能让整个视频更加完整和精彩。当然，如果创作者有足够的能力，把每段短视频都做得吸引人，那么也不是必须要把短视频做成连续剧形式的。每个短视频的内容既可以有关联，也可以没有任何关联。只要主题与内容对应，创作者能把握好，那么每个短视频都可以做成独立内容。

4. 以策略性选题代替临时发挥

随手拍的作品多半不会掀起风浪，能火起来的短视频百分之九十九点九都是经过精心策划的。对于初学者来说，要想将普通选题做出花样，可以先模仿、学习那些火爆的短视频，这是养号阶段最简单的、最基本的方法。我们可以为自己的短视频添加垂直领域的标签，再锁定目标，利用前面提到的对标账号的拆解方法，对目标账号进行深度学习，这样做，也能取得不错的效果。

二、另辟蹊径，变“俗套”为新意

1. 回头草，吃吃也无妨

网络上时不时地就会兴起一股“怀旧风”，许多人都有“怀旧”的情怀。如果你的短视频创作刚刚起步，或是还没有找到适合自己的风格，那么不妨借鉴曾经火爆全网的老段子，配合新颖的手段、方法进行编改，再以“旧段换新颜”的方式呈现出来，可以大大提高短视频上热门的概率。以知名网红“冷少”和“蒋胖胖”这两位搭档为例，他俩并非传统意义上的俊男美女，但他们走的是怀旧风，看似在演绎民国时期的情情爱爱，但不经意间的某个瞬间总能让主题升华，在普通中见不凡。令人眼前一亮的外表和别致的风格，让用户一见难忘，再见倾心，对他们的才华十分拜服。

2. 不落俗套的创新

在各大短视频平台，我们总能看到一些短视频创作者以各种各样的热门话题和段子为核心内容进行创新性创作，以“神似形不似”的形式对“梗”进行不同的演绎，这也能大大提高该短视频上热门的概率。

3. 天生优势，后天修饰

爱美之心，人皆有之。不可否认，美好的容颜与姿态确实能够使有些博主优于普通人，活跃于网络之上。无论是角色还是商品，有颜值做加持，再加上出色的拍摄技巧，就能吸引用户的眼球，迅速在短视频领域占据一席之地。

4. 异域风情，民族特色

一些方言类或少数民族风俗类的短视频在平台上也具有一定优势，比如，同样是讲傣族的泼水节，主人公穿上民族服装演绎就会比普通打扮更加吸睛。因为人人都有猎奇心理，相同的内容，如果我们换套服装、换种表演方式，便可以勾起用户的好奇心。

当发现普通选题无法迎合市场时，创作者就需要创新了。在短视频领域也流传着“太阳底下没有新鲜事”这样的说法，意思是当我们缺乏创意时，不妨走走回炉的路，以此把普通选题做成爆点。我们不妨一试。

第六节 日积月累，建立自己的个性化选题库

在抖音、快手、小红书等平台上，很多不知名的UP主每天写什么内容、上传什么视频都靠“拍脑袋”决定，而那些成功的UP主则不这样做，他们建立了独有的庞大选题库，能依据形势变化随时做出高质量内容。可以说，成功UP主的大红大紫都不是偶然得来的，而是长期积淀和精心策划的结果，没有前期的积累就没有后期的爆红。

但是现实生活中，很多短视频创作者不清楚选题到底是什么。其实很简单，选题就是短视频的主题和创作者的观点。例如，如果你想写一篇对“随意丢弃垃圾”持反对态度的文案，那么“反对随意丢弃垃圾”就是你的选题；如果你想写一篇“零基础的孩子如何学会滑冰”的文案，那么，你的选题就是“零基础孩子学会滑冰的方法”。短视频创作者可以在平时积累选题，建立几个选题库以备使用。

1. 常规选题库

选题库中的选题并不一定都要立意高、热度高、创意十足。对于短视频创作者来说，最佳选题库应当是由80%的常规选题和20%的热点选题组成的。我们都知道，热点的持续时间较短，所以在没有热点

支持的情况下，我们就需要依靠常规选题来保证账号持续输出内容，使账号一直活跃在用户眼前。

平日，创作者只需要选取常规选题，将其打造成一些个性化选题即可。怎么做呢？我们要遵循“输入、思考、输出”三大基本原则。比如，美食类创作者可以从各地美食的制作方法、各地人群的口味区别、各地美食在当地受欢迎的原因等方面入手；地理地质类创作者可以从地形地貌形成的原因、各地房屋结构为什么会如此不同等方向入手。只要我们在日常做好选题积累，就可以根据自己账号的风格随时选出不同的选题进行创作。选题库就像一个万花筒，只要我们懂得使用技巧，新选题就会源源不断地诞生。

2. 热点选题库

热点选题具有时效性，我们要从多方面寻找热点选题。微博热搜榜、朋友圈刷屏热点、知乎热搜榜、电视剧及综艺节目的更新热播榜以及一些大 UP 主的自媒体账号等都是不错的挖掘地点。但并非所有的热点都要挖，这需要我们拥有一定的热点敏感度和辨别能力，能辨别出哪些热点话题更具有挖掘价值，哪些热点话题的时效性可能更长、吸引的流量和粉丝更多。将经过筛选的优质热点选题放入我们的选题库，才能放大其作用，让我们的账号越做越好。

3. 零散素材兼选题库

创作者最怕的就是才思枯竭。如果我们平时不注重积累素材，脑袋里东西太少，即使在短时间内获得了一些成就，但时间一长也可能会江郎才尽。没有好的选题、好的创意，无法及时更新内容，那么无论账号目前多优秀，热度也会慢慢地消减、粉丝逐渐散去。

零散素材一般包括标题、图片、故事、金句、名言、台词、数据等。无论是一句广告语还是某本书中的金句，都要尽量有序地将它们记录下来，它们现在能让你有所触动，也能在你日后的作品中配以好的创意，得以有完美的呈现。我们可以将平时听到的、看到的令自己有所触动的内容随手记下，一周或是半月，按时整理，分类保存。这样做不仅会积累自己的素材库，还会让自己时常有所悟，在不知不觉中增加自己的人生阅历。

第四章

爆款短视频文案都在用的标题和字幕写作方法

第一节 不可小觑的标题和字幕

一、高效“两秒”，标题见功夫

在传统的营销方案中，人们乐于将标题做得精妙，短短几个字也能玩出无数花样。出色的策划人一般都不喜欢直来直去，而是想尽方法让人们品味标题、文字的奥妙。然而，这种表达显然不适合只给我们两秒钟时间的短视频用户。你还记得自己在抖音、快手或小红书等平台刷短视频时心里在想什么吗？是不是看到没有吸引力的视频就直接划走？因此，短视频创作者只有短短的一两秒钟的时间用来吸引用户观看。

一个好的标题是短视频的“眼”。如果标题做得优秀，短视频不仅获得的点击率多，得到的评论也多，更容易受到平台青睐，得到平台推送的机会。由此，我们可以看出，优秀的标题有两个最为关键的使命：一是面向用户，使用户点击、观看、点赞以及评论；二是面向平台，获得平台更多的精准推送。

可能有人想：“只要我将内容做好，文案过硬，即使标题简单、无趣点儿又有什么关系？”

自媒体行业，竞争非常激烈，每一次机会都容不得浪费。我们花费心血完成的作品，如果只是因为标题不够吸引人而导致观看的人很少，这是多么可惜的一件事啊！相反，如果我们做足准备，在标题上多花一些时间，效果可能就会截然不同。比如，“用课间十分钟锻炼身体”和“课间十分钟，老师带着全班学生‘操练’起来”相比，前者虽然简单明了，让用户一看就大约能明白短视频是什么内容，但也比较乏味，难以让用户产生观看的欲望，用户可能会在看到标题后就选择划走，不再多看一眼。而同样一件事，后面这个标题就比较有趣：老师带着学生们“操练”？是说老师占用课间给学生们讲课？还是指其他方面？简单的标题，引发了用户的好奇心，自然也就勾起了用户的观看欲望，为视频增加了流量。

二、小字幕，大作用

短视频如果没有字幕的话，会明显降低用户的观看体验，就像是不懂英语的人看英文电影，即使演员表演到位，也很难引起不懂英语的观众的观看兴趣。也许你要说：“短视频播放的都是我们能听得懂的语言，完全没必要加字幕。”其实，很多时候字幕还是很有必要的，至少出于以下两点考虑。

1. 重视用户的特殊需求

不同的人在接收视觉信号和声音信号时的感受会有偏差。如果没有字幕，那些说话有口音或是语速过快的短视频内容会使用户的体验感变差，甚至导致“掉粉”。另外，全世界有相当一部分人存在听力障碍，如果短视频没有字幕，就会失去这部分用户的关注和流量。

2. 适合一些特殊场合的需要

我们大多在闲暇时刷短视频，当我们身处嘈杂环境或不方便外放声音时，字幕的重要性就显现出来了。例如，你刷到一个开篇有吸引力的短视频却不方便听声音时，那么，这个短视频是没有字幕能让你目光停留多看两眼，还是有字幕更容易让你继续看这个视频呢？

第二节 好标题的原则：简短、通俗、诱惑力强大

标题对一个短视频至关重要，一个好的标题能在两秒内对用户产生视觉吸引力。不管是在抖音、快手还是小红书，与标题平淡的视频相比，标题好的短视频的浏览量要高得多。如果将浏览量转化为收益，则意味着标题好的视频能让创作者赚更多的钱。因此，精心打磨短视频标题是十分必要的。那么，构思短视频标题有什么原则呢？

一、简短且有内容

我们浏览短视频时，都有这样的感觉：如果标题很长，我们不仅不会认可，相反会觉得有些烦，可能瞬间就失去看这个短视频的兴趣。可见，好的标题不仅要有重点和亮点，还要简短。比如，“他是百米跑道上的‘王者’”和“他历经千辛万苦，十年磨一‘剑’，百折不挠，终于赢了”这两个标题相比较，前者虽然简单，但能让用户马上明白短视频大概讲的是什么内容，然后就会根据自己的喜好来决定是否观看；而后者只是看上去有一堆“亮点”，却没有一个重点，难以让人产生点开视频去看的欲望，这样，就流失了一些用户。

二、通俗易懂，具有特点

拟定标题时要考虑大部分用户的接受度。一般来讲，短视频的受众群体非常广泛，如果我们短视频的受众群体没有特别的限制性，那么通俗易懂的标题更能赢得用户的关注。在此基础上，我们还可以利用以下几种方式，让短视频的标题更具特色。

1. 善用热点梗

能上热点的话题大多通俗易懂，如果短视频的标题与热点梗相关，会更容易引发用户的好奇心，那么热点梗标题就能完成它的使命——为短视频带来热度。

2. 以新手法点题

很多人认为标题就是对视频内容的高度概括和总结。其实，对于传统媒体，标题是为了方便用户，为用户阅读节省时间；但现在的自媒体不同，它要达到吸睛的效果。所以，我们要有根据视频特点对标题进行改造的气魄，让用户通过标题直接了解创作者最想表达的观点和主题思想，标题要通俗易懂、直截了当。

三、具有诱惑力

什么样的标题才算“有诱惑力”呢？简单来说，就是让用户产生“生理性想看”的冲动。下面是几个能使短视频的标题更具诱惑力的常用技巧。

1. 利用好奇心

人生来就有好奇心，利用人们的这一特点来拟定标题，就有可能快速激起用户的好奇心，点开视频。例如“这个神秘的地方，你敢去看看吗？”“你不敢问女朋友的五个问题”等这样的标题，可激发用户的好奇心，使用户忍不住点击、观看。

2. 利用代入感

创作者要让用户在看到标题的一刹那，脑海里立即成图，产生代入感，产生观看兴趣。当然，受众群体不同，代入感的产生也会有所变化。创作者要根据自己账号的用户类型来编写标题，让用户产生共鸣。比如，“层云翻涌，百年一见的奇观惊现 ×× 市”。一看到这个标题，我们的脑海中可能会不由得好奇到底是什么奇特的层云，才配得上“百年一见”这样的形容，自然想点开视频看一看。这样，流量不就来了！

3. 利用危机感

俗话说：“好事不出门，坏事传千里。”在现实社会中，“坏事”的传播速度通常比“好事”更快。尤其是用户在看到天灾、人祸、交通意外、食品安全等相关主题的视频时，会下意识地产生危机感，产生想点击观看视频的心理。例如“三岁男孩河边消失，疑似溺水”这个标题就会激起人们，尤其是家中有孩子的人们的危机感和同理心。

4. 利用人的贪心

这里所说的贪心并不都是指人性的贪婪。人们看到和自己有关的或是可能对自己产生价值的内容就会天然地产生兴趣，这是人的本能反应，也是“贪心”的一种表现。所以，我们给短视频命名时，也可以做与此相关的尝试，例如，爱美食的人会对“吃”产生兴趣；游戏玩家对“攻略”会更加敏感……投其所好，使用户产生“哇！都是我喜欢的内容！”的心理。这样做，创作者则更容易创作出吸引人的好标题。

四、慎用惊悚式标题

无论是自媒体还是短视频平台，惊悚式标题曾经占有一席之地，不过，现在惊悚式标题逐渐淡出舞台。例如，“看后必删！”“错过再等三年”这类标题以前都能达到迅速吸睛的效果，但随着行业不断进步，这类曾经流行的标题风格已臭名远扬、遭人嫌弃，徒有噱头的标题已经被时代淘汰了。如今，创作者若想运营好自己的账号，就要注意避免“踩坑”，避免使用这种过时的标题拟定方法。

第三节 向优秀新闻学标题写作技巧

传统媒体新闻的标题是对该新闻内容的高度概括和总结，其主要作用就是帮助人们快速了解新闻的大致内容。而抖音、快手和小红书等平台中的作品，标题也基本沿用了新闻标题这种方式，通过表达鲜明的主题、强调可看性来吸引用户。但是，我们想要写好新闻式标题也并非易事，需要掌握一定的写作技巧。

一、新闻式标题的特点

新闻式标题一般以事实为主，主要对近期发生的事件加以报道或评论，而事件的过程及细节常常不纳入标题拟定范围之内，主打简洁明快。因此，创作者在拟定短视频的标题时，应倾向于标题的吸引性，要让用户的目光停留下来，让用户对后续内容产生期待。

二、新闻式标题的写作技巧

1. 口语化标题

短视频平台的用户类别非常广泛，如果短视频标题沿用传统媒体新闻式标题严肃、庄重的风格，就难以迎合大众的喜好，但如果改得过火，就失去了“新闻式标题”本身的意义。所以，创作者既要让标题保持“新闻味”，又要符合大众的口味。

其实，只要将新闻式标题改得口语化一些，就可以达到吸引人的效果。以经济、科技类短视频为例，有些专业性强的内容会让用户“看不懂”，创作者如果采用通俗、简洁的口语化标题，就能让用户快速理解短视频的主题，从而增加短视频的浏览量和点赞量。例如“风调了，雨顺了，农民丰收了”“回到大山里，解了思乡愁”等。“调了”“顺了”“回到”“解了”等词语既通俗易懂又蕴含深意，用户看到标题便能明白短视频的大概内容，也会有种亲切感。这样的标题或可激发用户心中对于丰收产生的喜悦之情，又或可勾起用户浓浓的思乡之情，于是愿意停下划动的手指，点击进来，看看这个短视频。

2. 营造标题的冲击感

让新闻式标题具有冲击感，使标题“吸睛”，是短视频创作中的一个重要手段。那么该怎么做呢？我们可以从这几方面入手：变换观察角度，侧面深化主题，关注社会各界的观点，等等。无论选取什么样的表达方式，是直接、犀利，还是绵里藏针，只要能对用户在视觉、心理等方面产生冲击力，这个标题就是成功的。比如，“三年创收破百万，特殊致富密码是什么”，这个标题无疑给人以极大的冲击力，两个数据直接传达出令人震撼的信息，后面的“致富密码”更是吸睛，能瞬间勾起用户的好奇心，让用户想进一步了解，看看自己能否从中得到启发，掌握这个密码。只要用户的好奇心一产生，短视频的流量就上来了。

3. 重视标题的情感表达和表现张力

小小的标题真的能玩出花吗？答案是肯定的。不但能“玩出花”，还可以创造出不同于传统新闻标题的生动感。从以前那种毫无感情波澜的中性化表达到生动、充满趣味性的表现力，从追求含蓄、求稳，到更趋于写实、跳脱、粗犷的表达风格，现在的标题已经迭代升级，以新的面目出现在世人面前。例如，“服务员停止微笑抗议减薪”等有趣的新闻式标题，无论是从趣味性还是感染力等都能吸引不少用户。

4. 力求出新，不落窠臼

要想让短视频有所创新，首先标题就要大胆创新。创作者在创作之前要多听、多看，多分析、多比较，才有可能拟定出与众不同、更能打动人心的标题。曾有一个有关于女性被医院上错节育环的新闻——“这一‘环’怎么如此难受”，这个标题一语双关，既表现出医院的不负责，又体现了患者的痛苦，让人看后印象深刻。

三、新闻式标题的常用“套路”

实践中，当我们学习了一些新闻式标题的理论知识后，却仍感到毫无头绪时，不妨试试下面几种拟定新闻式标题的“套路”。

（1）使用特定的词汇。比如，在标题前加上“介绍”二字，“介绍一种美颜新方式，让女人立马回春”；在标题前加“新”字，例如“新猫粮配方：百分之百无谷”；在标题中加入表示时间限定的词语，例如“现在到某市某某机场一天只有四趟航班”。

（2）在标题中写出具体数字。例如，“北京市两千余名中学老师接受再培训”。

（3）主题鲜明。例如，“坚持 ×××× 原则，决不能 ××××××”。

（4）展示结果。例如，“××× 获得国家殊荣”。

（5）标出事件。例如，“××× 领导走访乡村小学”。

第四节 把悬念元素植入标题

含有悬念元素的标题可以吸引用户的注意力。当创作者提取短视频内容中最具有悬念的部分并展示在标题中时，标题会产生一种在用户心口上“挠”一下的效果，这会令用户心痒难耐，迫不及待地想要点击观看短视频。那么，悬念型标题该怎么写呢？可以从以下几方面着手。

一、悬念型标题的分类

1. 设置故事情景悬念

不论是在抖音、快手还是小红书平台，短视频只有拥有好的情节才能打动人。因此创作者可以通过编写小故事的方式来编写悬念式标题。有了标题的引导，用户自然会对视频的内容感到好奇，于是我们就会达到借由标题引发悬念的目的。例如，“女孩考上 211 大学，向每天晚下班 5 分钟的公交车司机致敬”，这个标题富有悬念，既能勾起用户的好奇心，还能让用户带着内心的疑问点击、观看这个短视频。

2. 在生活中寻找悬念话题

生活中值得被关注的事情有很多，有些虽然称不上“热点”，但如果通过标题的演绎后呈现出来，那么这些事件被关注的程度就会提高。例如，“×× 酒窖内员工小便被拍？这酒真的还能喝吗？真相来了”，如果与这个酒窖相关联的是大品牌，那么用户自然要看完短视频，看看事情的真相到底是怎样的，后续又是怎样发展的，自己的利益是否受到影响……因为这些悬在心头的问题，用户可能会越来越关注这个问题，流量自然而然也就跟着来了。

3. 用数字营造悬念

数字在悬念式标题中也有极大的作用。数字本身就有别于文字，在一排文字里放上数字，在视觉上就会产生吸睛效果。

有时不光是数字，加入标点符号也会使标题更具表现力。比如，给标题加上引号。例如“59 岁大妈 6 年整容 19 次，网友称不见她‘遗憾’一生”。这个标题的诱惑力极大，用户在看到这个标题时会产生种种想法：“为什么 59 岁了还要整容？网友为什么觉得不见是‘遗憾’呢？”悬念式标题与社会类新闻非常契合，它可以通过对事件的预判形成强烈悬念，找到用户最想看到的“点”来进行创作。一旦标题勾起了用户的好奇心或者使用户产生某些想法，就会让用户继续看下去，短视频因此而增加流量，受到更多关注。

4. 吊人们的“胃口”

这类标题曾经导致很多所谓的“标题党”产生。也就是说很多创作者在设置“悬念”时没有发挥好，让用户产生了反感情绪。所以，如果我们没有能“拿捏”它的功底，就要谨慎运用。比如“出大事了，还没领 ××× 的赶紧进来领”。这类标题吊足了用户的“胃口”，抓住人们爱占小便宜的心理，使用户将目光停留下来。如果看完短视频后确实有便宜可占，有东西可领，那么皆大欢喜，创作者也能顺利收割一波流量。如果标题过于夸大，内容与标题严重不符，或没达到用户的心理期待值，反而可能会引来一片骂声，导致“脱粉”甚至可能引来大波黑粉。

二、悬念型标题的常见“套路”

1. 用省略号助力

简单叙述，在精彩之处打上省略号，用户可自行“脑补”后面的一万种可能。例如，“老公突然给我买了钻石戒指，难道是……”“职场上我的境遇转危为安，只因为……”等等。

2. 铺垫背景，别有含义

利用人性中隐藏的窥探欲吸引用户观看。例如，“30 岁后，情感保卫战如何打响”。

三、悬念型标题的使用禁忌

1. 视频内容和标题不符

用户反感“标题党”的主要原因是短视频内容与标题关联性不大，甚至驴唇不对马嘴。用户看到标题后，点击观看视频，却没有看到相关的内容，就会感觉自己被愚弄了，失落之情可想而知，更会有气愤的人甚至会向平台投诉创作者的这种“欺骗”行为。因此，创作者在创作时要避免出现标题和视频不符的情况。

2. 悬念设计不合理

“悬念”的设计貌似简单，其实很考验创作者的功力。如果标题的“悬念”设计得过于浅显，用户感觉无聊，自然不会去关注；如果故弄玄虚，将标题的“悬念”设计得过头，也令人反感，甚至可能成为用户的笑谈。

3. 没有把握好标题展示时长

标题在短视频中的展示时间也大有门道。展示时间如果过短，无法激发用户的好奇心，自然达不到悬念应起的效果；展示时间如果过长，则会让用户失去观看内容的耐心，反而得不偿失。因此，创作者要把握好标题的展示时长，反复测试，以实现吸引用户的目的。

第五节 用疑问型标题激发用户的兴趣

如果说悬念型标题的作用是引发用户的好奇心，引导用户去了解具体情况，那么疑问型标题就是直接留下疑问，引发用户思考，并牵动用户的心，这种用户包括两大类：第一类是那些不知道答案而想知道答案的人；第二类是那些看到标题后心中已有了答案，却还想看视频进行验证的人。可以说，疑问型标题能快速激发用户的求知欲，只要创作者拟定的标题直击用户的内心，就会让用户主动观看短视频。

一、疑问型标题的写作要点

1. 从用户的利益出发

不管是在抖音、快手还是小红书平台，创作者在拟定标题时要多从用户关心的问题出发，以提问的方式引发用户的兴趣。比如，如果健康类短视频创作者的目标用户是亚健康或慢性病人群，则可以用“如何识别身边的保健品骗局”“你的健康生活方式值多少钱”等标题，直接提出与用户利益相关的问题，激发用户观看视频的兴趣。

2. 从用户的痛点出发

当人们的需求没有得到及时满足时，就会产生痛点。创作者可以抓住用户的这种心理拟定疑问型标题。例如，很多女性用户想减肥却又不想运动，想享受美食却又怕长胖，创作者就可以抓住这类痛点拟定标题。比如，“减肥进入平台期，怎样吃可以迅速瘦下来”“不运动也能减肥的三种方法，你知道吗”，都能引发有减肥需求的用户的观看兴趣，使创作者收获不错的流量和关注。

二、疑问型标题的两种常用句式

1. 反问句

反问句可以使用户快速产生共鸣。疑问句式本身就容易击中用户的痛点，这时如果再在标题上使用带有强烈感情色彩的反问句式，很可能会打破用户原有的认知或思维误区，引起用户的兴趣。例如，“你了解熬夜对身体有哪些严重伤害吗？”就是借反问引发用户的兴趣和反思，令用户不由得点击观看短视频，看看熬夜都有哪些不良后果，看看自己有没有“中招”，接下来自己该怎么调整或避免熬夜对身体带来的伤害等。

2. 设问句

设问句一般都是自问自答，需要创作者自抛“硬梗”，自己“软接”。例如，“谁会认为你善良，他们只会觉得软柿子好捏”。设问式标题需要创作者在自己提出问题后，还要有巧妙“击中”用户痛点的回答，这对创作者是极大的考验。

三、疑问型标题的几种常用方式

疑问型标题有几种常用方式，一般围绕着“怎么办”“为什么”“是什么”等内容进行提问。

1. 创新性设问类

这类问句提出存在的问题和常见解决方案的不合理之处，引发用户的好奇心和参与热情，在视频后半段则出人意料地提出创新性的解决方法。

例如：“孩子遭受校园霸凌，难道就只能忍受吗”。

2. 正常行为 + 不满类

这类问句提出某种普遍行为或事情，而后面的“为什么……”是大转折，引出带有不满情绪的质疑。

例如：“每个人都付出同样多，为什么只有他当劳模”。

3. 疑问 + 数字类

这类问句用数字和问题加深悬念，激发用户的好奇心。

例如：“为什么辅导孩子写作业成难事？ 99% 的家长都不知道”。

4. 正反对比类

这类问句是前面用疑问的方式讲述事情，使用户产生观看兴趣，后面的“但还是……”“却还是……”打破人们的常规认知，产生情节翻转，激发用户的好奇心。

例如：“为什么你那么努力地工作，却还是月薪三千”。

5. 疑问 + 权威回应类

这类问句是先提出问题，再借助专家等权威人士之口来表达自己的观点。有时候，这比创作者自己说出来更令人信服。

例如："为什么你买的基金会赔钱？资深专家这么说"。

第六节 用“热点事件”提升标题吸引力

“蹭热点”是短视频创作者们都不会放弃的一块“蛋糕”，也是短视频运营中常用的推广方法之一。想通过“蹭热点”提高流量的创作者越来越多，大家都希望能够借他人的“势”来营销自己的“量”。但是，热点也不是那么好“蹭”的，有些创作者成功了，但大部分创作者却没能“蹭”到那块宝贵的“蛋糕”。这是为什么呢？我们又该如何做，才能让用户在无数个相同的、和热门话题有关的视频中点开我们的短视频呢？这就需要创作者在标题创作方面下功夫了。

一、找准切口，“刀刀见血”

1. 别人在意的就是创作者要做的

创作者要找到大多数用户最敏感、最在意的点去“蹭”，据此去编写标题。如果短视频的标题没有吸引力，则短视频很快就会淹没在无数同类短视频中。因此，为了让大多数用户感兴趣，标题选取的词汇就要“刺”到用户最敏感的地方。例如：“这波涨薪潮你赶上了吗”“带你了解新的求职季”“自食恶果，第三者哭着求原谅”等。这些话题要么与生存息息相关，要么贴合大多数用户的八卦心态，标题一出，自然能吸引不少用户观看。

2. 故事好不好，全凭一张嘴

将热点用讲故事又不失真的方式演绎出来，也是创作者们常用的方法之一。另外，当我们的观点与热门观点相悖时，可以采用讲故事的方式，对热点本身进行更深层的挖掘。例如，“某某帝国大厦背后的故事”“给城市河道贴瓷砖背后的故事”等。

二、热点标题分类

1. 事件梳理类

这种类型的标题不存在太多的创新要求，它的作用是帮助那些只知其一，不明其二的用户梳理事件信息，以“一站式”的方式了解事情真相。例如,“×× 事件全解锁”“踩踏事故的起因竟是 ×××”等。这类标题没有太多的悬念和创新，只要创作者将热点抓得好，平凡的标题也能吸引不少用户驻足，为流量添砖加瓦。

2. 故事伸展类

热点事件中的主角，不管是正面形象还是负面形象，都具有“爆火”元素，能激起人们的好奇心，使人们想通过各种渠道了解他们的故事。创作者当然也不要放过这类机会，要充分发掘这类热点的价值，通过更多方式衍生出好“故事”。例如，“三十年寻亲后续来了，孩子丢失竟是熟人所为”。标题有前因有后果，从中能看出整件事的大概脉络，也令人们更想知道到底是什么样的熟人如此丧心病狂，做出这么恶毒的事情。

3. 衍生学习类

无论是商业热点、社会热点、国家大事，还是各种筹划已久的盛大赛事，每一个热点背后都有值得人们借鉴、学习的地方。衍生学习就是创作者通过整理事件的相关信息，挖掘其背后可学习的价值，来满足人们的求知欲。

4. 观点表达类

利用热点事件，用有见地的观点引发人们共鸣。热点事件发生后，人们喜欢在各种平台分享自己的看法，如果这时他们刷到一条有相同观点的短视频，便顺理成章地想要打开看看，这就达到了我们的目的。

三、如何写出“蹭热点”的标题

热点事件每时每刻都在发生，用户们也会时时关注。这就意味着我们只要掌握了热点事件传播的动向，我们的短视频作品也可能变成热门视频。需要注意的是，创作者在追随热点时，要先将事件的整个过程弄清楚，再利用一定的写作技巧编写出精彩的标题，以提升流量。

1. 加入个人想法

随波逐流式的“蹭热点”法一般很难起到理想的引流效果，如果创作者能使标题立意新颖且带有个人创意色彩，则标题会更加引人注目。

2. 整合热点

这是一种“热”上加“热”的创作方法。这种方法需要将近期类型相近的热点通过综合分析，提炼出我们的新观点。这就要求创作者要有自己的热点库，才会有“料”可做。

3. 善用旧热点

有很多人认为，热点是一时的，时间一过，人气也就过了。但是，也有很多热点即使过了很久也会被再次提及，所以，它仍然有剩余价值。旧热点“复热”现象是普遍存在的，因为大众会习惯性地通过熟悉的旧热点进行怀旧。

4. 借“热”却不要过度

虽说热点常用常新，但创作者也没必要追踪每一个热点。如果你发表的每一个短视频作品都是“蹭热点”的，那么你的账号就会缺乏个性色彩，很难有太大的发展空间。

四、写“蹭热点”标题时的注意事项

（1）匹配账号用户的期待值，不要为了“蹭热点”而过于激进，要保持自己的风格。

（2）不要简单地只做热点的搬运工，加工整理是必不可少的环节。

（3）“站队”时不要过于极端，因为有争议的热点变幻莫测，反转事件也时有发生。

（4）创作者要尽量避免“蹭”带有负能量的热点。人们对积极向上的内容更为支持，负能量的“热点”即使会使我们产生一时的热度，但是后续的转发、评论还是会令很多人心存顾虑。另外，就账号本身来讲，一旦接触类似题材，就可能使账号内其他正能量作品失去传播效应，这样就会因小失大，得不偿失。

实际上，和自己账号风格一致的热点并不好“蹭”，需要创作者在创作热点标题时下足功夫。素材信手拈来，关键词选取也不难，难的是与之匹配的创意和标题，这也是短视频决胜巅峰的关键。

第七节 标题对比性越强，越有人爱看

这类标题重在表达由对比产生的令人惊奇的效果。这些标题中的关键词都有一个共同的特点，就是利用两个原来看似对立的事物，制造强烈的反差效果，对用户的心理产生冲击感，这类标题比平铺直叙的标题更有张力，“吸粉”效果更明显。以下是在标题中制造对比、反差感的六种方式。

1. 年龄反差

年龄在很多时候都是一个抢镜的字眼，毕竟它与我们每个人都息息相关，所以当短视频标题中出现与年龄相关的字眼时，也很容易引起用户的兴趣。因此，创作者在编写标题时可以适当用年龄制造反差感。例如“国服第一老太太直播，60 岁追梦英雄联盟”。

2. 认知对立

创作者在编写标题时可以跳出人们通常的认知逻辑，以此来增强短视频内容的反差感，也可以达到不错的“吸粉”效果。简单来讲，就是在创作上对司空见惯的事情进行反转，勾起人们的好奇心。例如“追逐三千米，狗耳朵被人咬掉一只”。这种标题初看会让人感觉荒谬，

到底有多大仇多大怨，狂追几千米竟然只是为了咬狗耳朵？错愕之余用户会下意识地去观看短视频中的内容。

3. 数字对比类

当两个差距很大的数字同时出现在标题时，也能产生反差感，创作者可以利用这一点编写标题，接着再提出疑问，吸引用户们的注意力。例如“月薪四千和月薪三万元的住家保姆，差在了哪里”，只要人们见到这个标题，就会被强烈的反差吸引。这种反差极大的工资水平，会让用户的内心产生一个又一个疑问，于是，在寻求答案的心理驱使下看完这条短视频。

4. 与他人对比类

这类标题主要是用优秀的他人和用户进行某方面的对比。在对比中，创作者赞扬优秀的人，“贬低”用户，利用极大的反差令用户感到“扎心”，进而勾起用户的不服输心理和好奇心理，使用户点击观看短视频。例如，“为何别人一年跃升主管，而你三年还是职场新人”。看到这个标题，部分用户可能会疑惑：自己和别人的差距到底在哪里？是个人能力还是职场环境？是付出不足还是外在因素影响？用户心中有了疑问，接下来就好办了，用户就会观看这个短视频，看视频能否给自己答疑解惑。创作者要做的就是这样的内容。

5. 结果出奇类

这类标题的前半句讲述了普通事情，后半句却有出乎意料的大转折，可以是非常棒的学习成绩或工作成绩，也可以是其他方面很好的收效等。例如“只针灸了一个周期，竟然治好了 ××× 病”。

6. 前后反差类

这类标题利用前半段和后半段的巨大差异，使标题产生强烈的对比和反差。例如“打工三天狂赚五万，却被邻居赶了出去”，标题的前半句讲的是做了短时间的工作，赚取了丰厚的报酬，看似是一件好事，但后半句是“被邻居赶了出去”。这种巨大的反差会激发出人们强烈的好奇心，从而使人们点开视频观看。

虽说对比反差型标题很容易让人有观看的欲望，但视频内容也要与之相匹配，同时，视频还要符合相关平台的要求。创作者要做到真实、可信、有观点，才会吸引用户，提升短视频的流量，否则就有可能成为人人厌恶的“标题党”，让自己得不偿失。

第八节 让字幕为短视频增光添彩

字幕在短视频中的力量不可小觑。短视频的字幕不仅能让用户通过文字更直观地理解视频所传达的意思，还能增强用户的体验感。如果短视频没有字幕，用户即便被标题吸引，有时也会因为语言不通、语速过快等原因划走。

一、了解字幕与声音的关系

大多数情况下，有字幕的短视频比没有字幕的短视频更有吸引力。有部分用户在刷短视频时喜欢静音或者把声音放得很低，而像抖音、快手、小红书等短视频平台默认的程序一般为打开自动播放，这样一来，用户在滑动浏览时，视频如果既没有声音也没有字幕，大概率会加快用户划走的速度。

二、字幕类别与使用方法

作为短视频的一个重要元素，字幕不仅是对音频的补充，还能增强短视频的视觉效果。当然，字幕的形式也是多种多样的，不同形式的字幕产生的效果也不尽相同，并不是创作者为短视频加上文字就万事大吉了。创作者要掌握字幕的特点和用途，正确地使用字幕，才能发挥出字幕最大的作用。

1. 同期声字幕

同期声字幕是将现场真实的声音转化为字幕，通俗地说，就是将音频直接转化为文字。这类音频在一些对话场景中经常出现，虽然比后期的配音更自然，但有些方言或口语化的部分有时很难被用户听懂或理解，这时就体现出字幕的重要性。创作者在使用同期声字幕时有以下几点技巧需要注意。

字幕的清晰度。同期声字幕应清晰易读。创作者不仅要注意字体的大小，还要让字体的颜色和短视频背景有一定的对比，确保用户阅读时轻松方便。

字幕的准确性。同期声字幕要与视频中所述内容保持高度一致，确保用字准确，不添加或删除任何字符。

字幕出现的频率。同期声字幕应保持适当的出现频率，出现频率过低或过高都有可能干扰短视频中对话对用户的吸引力，影响用户的观看体验。

2. 点缀性字幕

点缀性字幕的主要作用是为视频添加注释或解释。在使用这类字幕时，创作者要注意将字幕放在短视频画面中的空白区域，起到补充或解释故事背景、音乐背景的作用。在使用点缀性字幕时，创作者要注意以下几点。

（1）字幕简洁。点缀性字幕不宜冗长，应简洁明了，以引起用户注意为佳。

（2）字幕位置。点缀性字幕的首要目的是引起用户注意，除此之外还不能影响短视频的整体美感。所以它的位置既要得当又要醒目。

（3）字幕外观。主字幕的颜色应与背景有所区别，以便用户能够轻松识别。

（4）字幕频率。为了提升短视频的趣味性，可以适当地增加点缀性字幕出现的频率。

3. 解释性字幕

当短视频中有一些令人难以从画面理解的内容，或者有一些专业术语出现时，就需要用到解释性字幕。解释性字幕一般会出现在短视频的开头或结尾处，使用时创作者需要重视以下注意事项。

（1）字幕准确。对于短视频所展现的概念或术语，在字幕中要准确无误地展示出来。

（2）字幕位置。解释性字幕所在的位置应遵循两个原则：一是不影响短视频的整体节奏；二是能帮助用户轻松获取重要信息。

（3）字幕可重复。与其他类型的字幕不同，为确保用户能充分理解短视频内容，解释性字幕可以重复出现。

三、常见字幕文案的写作方法

我们写字幕文案时也需要一定的写作技巧，出色的字幕文案能使短视频更具有吸引力。那么，我们怎样才能写好字幕文案呢？

1. 了解受众群体

创作者首先要了解自己短视频的用户群体，可对用户的兴趣、需求、习惯等方面进行调研。如果短视频有营销性质，创作者需要让用户对产品或服务加深了解，因此，需要创作出符合用户口味的文案字幕。

2. 字幕简洁明了

字幕文案要简洁明了，尽量不使用过于复杂的词汇和句子结构，要能让用户迅速理解、接收到短视频中的信息。

3. 注入情感

字幕中，可以用更具情感的表达方式引起用户的共鸣。创作者可以通过字幕来配合短视频描述故事或产品，为用户答疑解惑，增强与用户的情感连接。

4. 巧于引用

当创作者想要用故事或案例来表达自己的观点时，加入字幕能使短视频内容更具说服力。

5. 视觉元素

字幕并不仅仅指文字，创作者还可以充分利用视觉元素，如图片、图表或视频等来增强文案的吸引力。这些元素不仅会使短视频更生动有趣，还能帮助用户更好地理解短视频想要传达的信息。

6. 信息表达

创作者可以将收集到的反馈、分析数据等以字幕的形式加入短视频中，以增加视频内容的可靠性。

除了正确掌握字幕的写作方法之外，创作者也要了解一些关于字幕的规则，在制作前要提前思考字幕的显示时长、对图像的影响、在屏幕中所居位置以及字幕的分割方法等，只有这样，才能不断提升运用字幕的技巧，让字幕在短视频中发挥更大的作用，吸引更多用户关注。

第五章

短视频爆款文案正文创作方法

第一节 在开篇抓住人心

出彩的开篇对每一个短视频来说都至关重要，能给用户留下深刻的印象，吸引用户看完该短视频，甚至能引导用户参与互动，以及使用户做出主动浏览账号中其他作品等一系列后续行为。那么，创作者怎样才能写好短视频的开篇，在瞬间就抓住用户的心呢？下面介绍几种精彩的开篇创作技巧。

1. 疑问型开篇

采用疑问型开篇，可以吸引用户，引发用户对视频内容的好奇和思考，促使用户浏览短视频。创作者在创作的过程中可以灵活采用简短的自问自答或自问他答等方式作为开篇，然后在接下来的视频内容中再进行详细阐述，这样，既能引流和增加播放量，也能使用户完整了解观点或事情的全貌。例如“学妹来了”等爆火的街访类短视频大多采用这种方式作为开篇，在短视频开篇就把问题甩出来，用问题勾起用户的好奇心，提升用户的参与度，让用户忍不住转发和评论，使互动率不断提高。

2. 反差型开篇

创作者选择短视频中有反差性的细节作为开篇，在点题的同时引发用户们的好奇心和关注，以达到引流的目的。例如，当短视频是讲述日赚数万元的线下商业案例时，可以以“这个外表不起眼的小门脸儿，却有日赚数万元的能力”作为开篇，利用“不起眼”“小门脸儿”与“日赚数万元”之间的强烈反差感勾起用户的好奇心，使用户愿意停留下来继续观看短视频内容。

3. 解决痛点型开篇

这类开篇主要是以用户们关心的各种痛点为引子，以痛点的解决方法为主要特色，引起用户的兴趣，吸引用户看完短视频。知识类或技能分享类的短视频尤其适合采用这类开篇。例如，在办公技巧分享类短视频中，创作者可以用“如何找回丢失的文档内容？三种办法帮你解决难题”为开篇，讲述找回文档内容的具体方法。这类开篇的目的性和针对性比较强，虽然不能吸引全部用户的注意力，但对某一工作领域的用户来说却有很强的黏性，只要创作者把握好短视频内容的质量，言之有物，让用户能从中学到有用的知识，账号的粉丝量就能稳步增长。

4. 共情型开篇

短视频另一个常用的“吸粉”方法是在开篇就和用户产生共情，表现出与用户一致的同情、愤怒、悲伤或乐观情绪等，并在随后的正文中充分表达自己的观点和分析，使用户产生“遇到知己”的共情感觉，以增加短视频的播放量。这种开篇方式常用在社会事件分析、心灵成长、情感抚慰等短视频类型中，深受用户欢迎。

深耕情感领域的创作者常常以“你是我热爱世界的原因……”“让我沉迷的从来不是爱情，而是你”“茫茫人世中，你是晚来风……”“互补的伴侣，婚姻更为持久……”“爱和关注，是爱情中至关重要的因素……”等充满深情而又容易令人产生共情的语句作为开篇，往往更能打动目标用户的心，使用户产生共情，继而使用户做出点赞、转发和评论等有益于账号的行为，为账号增加粉丝和流量。

5. 才艺展示型开篇

这种开篇方式简洁明了，常常以简短的开场白引出创作者的才艺展示。例如，擅长抛掷纸牌的创作者常以“家人们，今天我给你们表演用纸牌击中十米外的苹果”等类似的话为开篇。这种方式往往能以短短的一两句话吸引用户观看短视频，一睹创作者与众不同的才艺表演。

还有一种特殊的文案开篇方式也是创作者经常使用的，即在标题之后直接进行才艺表演，省去开篇部分，这也有不错的效果。例如著名才艺网红“守山大叔”的散文诗朗诵和歌曲演唱短视频，大多是直接开始才艺表演，也深受粉丝欢迎。

6. 以热点事件开篇

很多用户浏览短视频时，除了关注自己喜欢的某类短视频外，还会关注各种社会热点事件。社会热点事件本身自带一定的话题性和传播性，创作者可以根据热点事件的这两种特性，选择与自己账号相关的热点事件，将其作为引子写入开篇。具体写作技巧有两种：一种是概述该热点事件，以引出本期短视频的话题、内容；另一种是概述社会影响力较大的公众人物对该热点事件的观点，然后在视频中做详细分析或引出自己要展现的内容。

7. 讲故事式开篇

欣赏精彩的故事是许多人观看短视频的需求。创作者可以针对用户的这个心理特点，将短视频内容故事化，使其更加精彩、吸引人。也可以用同类故事作为开篇、引子，吸引用户观看。这种开篇方式的核心就在于创作者需要用精练的文笔简明扼要地先讲出故事中的精彩部分，然后在接下来的正文中再展示具体内容。

8. 爆料式开篇

几乎人人都有一颗八卦的心，创作者将短视频文案的开篇做成爆料的方式，会更加吸引用户关注。这种方式多用于人们关注的名人、明星等公众人物的情感、婚姻或违法违规事件等。

这种开篇方式类似热点事件开篇，前者大多聚焦于社会知名人士，后者则涵盖社会各领域出现的热门事件，既有普通人遇到的奇葩事情，也有名人的正面和负面的新闻。比如“快来吃瓜！ ×× 集团高层不为人知的另一面”“惊爆巨瓜！ ××（明星）竟然也翻车了”等。需要注意的是，爆料式短视频想要成功，就要占得先机，只有最早一批爆料的创作者才能吃到最大的流量红利。另外，爆料的内容要真实可信且不能低俗，以免影响用户的观感，甚至引起不必要的纠纷。

第二节 文案正文的创作技巧

我们都知道优秀的文案是高质量短视频的基础，文案创作是短视频创作者必备的能力之一。而文案正文则是短视频文案的主要组成部分。一条短视频的“命运”如何，也取决于文案正文的质量高低。因此，创作者要掌握文案正文的创作技巧，只有这样才能创作出深受用户喜欢的内容。

一、短视频文案正文的创作要点

1. 注重逻辑性

在短视频文案创作中，创作者要注意保持文案内容的逻辑性，包括正文与开篇和结尾的衔接，以及正文内容自身逻辑要顺畅这两个方面。

在短视频文案中，标题起到了揭示主题和吸引用户的作用，开篇的主要目的是讲出视频中吸睛的部分内容以吸引用户继续观看，正文则是短视频的全部精华所在，结尾是对整个短视频内容的升华、提炼。这几个部分有各自不同的功能，共同组成了一个完整的短视频文案。

创作者需要注意的是，开篇与正文和结尾要保持逻辑上的一致性，以避免出现前后矛盾的情况，不能让用户在观看时产生疑惑甚至反感的情绪，那样则有可能导致“掉粉”。例如，创作者以乾隆皇帝为题材创作一个短视频时，其文案的开篇、正文和结尾都要以乾隆皇帝为主讲述，而不宜过多地提及其他人物，以免影响人们的观看效果。如果该短视频是以讲述乾隆皇帝的功绩为主，那么在正文中就要具体讲述乾隆皇帝取得的成就，对其过失则要一笔带过，甚至不提，以避免开篇和结尾出现前后矛盾的情况。

在正文内容写作方面。创作者要以事物内在的发展顺序和逻辑为基础进行创作，并保持观点前后一致。特别是在举例说明时，所选择的案例要能够证明自己的观点。还是以乾隆皇帝为例，如果创作者在标题及开篇中都想表达乾隆皇帝的丰功伟绩，但在正文和结尾表现的却是乾隆皇帝多次南巡中的趣闻，那么，这样一篇短视频文案的逻辑无疑是不通的，内容和主题没有保持一致性。

2. 观点鲜明，要点突出

短视频的时长较短，用户能否看完一个短视频取决于其兴趣或需求，因此创作者应在较短的视频里集中表达自己的观点、独到的见解或事件的要点，以精练的内容吸引用户观看。

在文案正文创作中，创作者要以精辟、通俗的语言表达出自己的观点。如果所讲内容较多，可以将其分为几点分别讲述。在讲述时，创作者要明确提出“第一点、第二点……”等标志性话语，并在屏幕上打出相应字词，以帮助用户更好地理解创作者的意图。比如“××

事件的三大疑点，你都知道吗”，短视频内容就应该围绕这三大疑点进行阐述，创作者在短视频中不仅要有清晰的观点，还要言之有物，突出主题。

3. 语言表达要接地气

短视频文案创作与其他书面文章写作最大的不同点是：前者是短视频的基础，最终是要由创作者或其他人讲述出主要内容，后者是以文字作为最终呈现形式。因此，创作者在写作短视频文案正文时要注重将所表达的内容口语化、通俗化，使之接地气，才会受到用户的欢迎。

反之，如果创作者在短视频中以书面语言进行表达，不仅会给人以不自然、打官腔的感觉，也不利于创作者在摄制短视频时即兴发挥，反而限制了才华的展示。例如，抖音平台中著名的军事博主“叫我金主编”就是以聊天的方式讲述各种军事新闻，分析其背后的种种原因，很受用户欢迎。军事类内容本来是比较严肃的，很多用户不喜欢专业性强的短视频就是因为它们太枯燥乏味，而且有些术语还让人听不懂，但这个博主却能把严肃的话题讲述得轻松有趣、通俗接地气，自然受用户喜欢。

4. 增加互动性

短视频与传统影视及其他长视频相比，其显著的优点是与用户的互动较为密切，创作者能够通过互动及时看到用户的反馈，并能据此调整自己的创作内容、方向和侧重点，以赢得更多用户的喜爱。因此，在创作文案正文时，创作者也要注意加强与用户互动的内容。一般来说，有以下几个常用的互动方法。

在文案中明确提出欢迎互动的话语。如“这个观点，你觉得怎么样？可以打在公屏上或者在评论区留言”。

引用粉丝的经典留言和观点。比如“在谈到这件事情时，我的一位名叫 ××× 的粉丝提到这么一个有趣的观点，大家来听听是不是有道理？”

设计与用户对话的环节。创作者可以加入与用户或其他人对话的视频素材，以增加用户的参与感。如“关于上一期的问题，大家展开了激烈的讨论，你认为谁说得有道理”。

以字幕的方式吸引用户参与。如“欢迎留言”或者“欢迎大家一起讨论这个话题”等。

5. 注重声画结合

文案是为短视频服务的幕后功臣。在文案正文的写作中，创作者要充分考虑文字与视频画面的关联性，即在写文案时心中要明白视频以什么样的画面或方式呈现内容，并写出相应的视频画面提示语，必要时可以在文案的基础上写出分镜头脚本。一般来说，以创作者是否出镜为标准，视频内容有以下几种呈现方式。

（1）由创作者出镜讲述这些内容。

（2）创作者讲述时，会在画面中加入相关的视频素材或图片素材。

（3）创作者不出镜，以视频素材剪辑与配音结合的方式完成整个短视频的创作。

（4）在短视频中呈现创作者与嘉宾进行访谈或讨论的场景。

二、短视频文案正文的常用创作方式

1. 按照时间顺序创作

创作者为了吸引更多用户观看短视频，在创作短视频文案时，往往在开篇部分先讲出一些较为精彩的内容，而在接下来的正文中按照事情发展的时间顺序进行写作，以便于用户观看和了解事情的来龙去脉。这种方式适合大多数类型的短视频文案创作。

例如，在创作讲述历史事件或历史人物的短视频文案时，创作者按照时间顺序进行写作，方便人们了解该事件的发展历程，发生、发展、高潮和结束，或某人物的发迹、奋斗、辉煌和结局的历程。如“从 ×××× 年到 ×××× 年，二十年间我国发展大事件”，创作者可以以时间为线索，讲述我国这二十年的飞速发展。

2. 按照因果关系进行创作

这种创作方式适合评述社会热点、分析某类社会现象，以及评析一些社会思潮和观念的短视频文案。创作者可以将该事件按照因果关系的顺序进行讲述，利于用户了解事件的起因、发展和结果，也容易传达创作者的观点。在正文中，创作者还可以在因果关系分析中加入相应的事例。例如，在以“城市禁养宠物名录”为主题的短视频中，创作者以某个事例引出这个话题，讲述为什么有些犬种被禁止在城市中饲养，其背后的原因是什么，并辅之以相应的事例。这样创作出来的短视频内容丰富、饱满，也更有说服力。

3. 按照解决问题的逻辑关系进行创作

这种创作方式大多应用在解决问题类的话题或事件中，例如在科普类短视频中，创作者以“夏天如何开空调更省电”为主题创作时，可以从既省电又凉爽的角度入手，探讨如何解决空调耗电量较大这个难题，在层层递进的分析和实验中得出令人信服的结果。又如，创作者以“高空坠物砸伤行人”这一社会常见难题为主题制作短视频时，就可以以某事件中受害人的维权过程为基础进行分析，从受到伤害到寻找当地物业、居委会解决问题，乃至报警和诉诸法律等步骤进行讲述和评析，既能让人明白事情的前因后果，又能推动人们在层层“解密”中继续观看视频，提高完播率，达到一举多得的效果。

4. 要点罗列式创作

这种方式主要用在内在逻辑性不强的一些短视频中，如生活技巧类、休闲娱乐类等。比如，生活类博主在主题为“居家收纳的几个小技巧”的短视频中会讲述多个收纳技巧，而这些技巧之间属于并列的关系，没有必然的内在逻辑。这时，创作者就有了更大的自由发挥空间，可以根据的自己的喜好或需求安排内容。需要注意的是，尽管罗列式创作不需要太强的逻辑关系，但也不能东一榔头西一棒子地乱讲一通。比如，短视频的前半段还在介绍好用的清洁产品，后半段却讲述起各式各样的炊具，这样毫无主题和逻辑性，往往会引起用户的不满。

第三节 令人频频点赞的文案结尾技巧

元代文人乔梦符认为，一篇优秀的文章应该有“凤头”“猪肚”和“豹尾”。他认为一篇好文章的开头要像凤头一样精美雅致，中间的内容要像猪肚一样饱满丰富，结尾要像豹子的尾巴一样简洁有力，这样才能令人读之回味无穷。由此可见，一篇文章的结尾部分同样重要。但是，有些创作者将大部分精力用在了打磨惊艳的开篇和精彩的正文部分，并没有给予结尾应有的重视。殊不知，他们的这种做法不仅不利于提升短视频的热度，还容易出现各种各样的不良后果。比如，完播率不理想、用户点赞量少、评论区缺乏互动等。那么，创作者怎样才能写出令人忍不住点赞的短视频文案结尾呢？下面介绍几种常见的文案结尾技巧。

1. 神转折式结尾

这种结尾方式的核心是创作者采用反转等方式在文案的结尾道出一个出人意料而又合情合理的结局。这样的结尾大多用在故事类、历史类、社会奇闻类以及情感类短视频中。人们认为故事即将讲述完毕时，却在结尾看到了意想不到的结局。

预料之外的结尾能极大地激起用户内心的波动。这时，创作者再稍加引导，在结尾处通过一些直白的或带有暗示性的“求点赞”等方式吸引用户点赞和评论，就会取得不错的效果。例如，“别忘了转评赞哦！”“对这个结局，你有什么想法，欢迎在评论区打出来哦！”“你听说过类似的事情吗？欢迎在评论区留言！”

2. 要点提炼式结尾

创作者在文案的结尾处简明扼要地列出本期短视频的要点内容，既强调了重点，又方便用户总结和记忆。创作者在为用户提供便利的同时，也加深了自己在用户心目中的印象，这种方式常用在知识分享类、社会深度分析类、生活技巧类等短视频，例如“今天我们一共讲了三点，分别是一、……；二、……；三、……”

3. 亮点后置式结尾

这种结尾方式的主要特点是创作者将本期短视频最大的亮点或用户们最关心的内容放在结尾讲述，起到平衡内容结构的作用，也有利于让用户完整地看完短视频。这样的结尾常被用在带货类、彩妆变身类、社会评论类等短视频中。

例如，在带货类短视频中，创作者可以将该商品的最大优势、如何选购、如何享受到最佳优惠等用户关心的关键点放置在视频的结尾处。在彩妆变身类短视频中，创作者在视频结尾处展现变身前后的巨大反差，让用户亲眼见证化妆的不可思议之处。

4. 名言金句式结尾

短视频比传统长视频更短小精悍，能在几分钟甚至几十秒的时间内向用户传达一个鲜明的主题、一个精彩的故事或一段精彩的才艺表演。基于这一点，短视频文案的结尾也要短小精悍。不少创作者会选择使用名人名言作为文案的结尾。这些名言大多蕴含了哲人、伟人的人生智慧，不仅能借名人的身份增加短视频的信服力，还能增加短视频内容的深度。在具体创作中，创作者还可以将名人名言进行适当改编，使其更加符合本段短视频的内容。除了名人名言，创作者还可以从网络中选择当下较热的“金句”、流行语等作为文案的结尾。这样的句子大多朗朗上口、易于传播，既能点题式地揭示创作者的观点，又能给用户留下深刻印象。

5. 共鸣式结尾

共鸣式结尾要求创作者在结尾处要表达出和用户同样的立场和观点，明确地说出用户心中想说的话，引起用户的情绪共鸣，自然能赢得用户的认同和赞赏。这种方式经常用在情感类、社会评论类、财经类、国际时政类等短视频领域中。例如，著名网红“一个人的莎士比亚”就经常在短视频结尾旗帜鲜明地表达出弘扬正气、抨击丑陋现象的观点，这种做法很容易激发用户内心的正义感，使用户与创作者产生共鸣，继而将更多用户转化为粉丝。

第四节 互动涨粉的文案技巧

在新媒体时代，个人或品牌在相关平台上的粉丝数量是其影响力和“江湖地位”的重要衡量标准。因此，创作者们都在想方设法提高自己的粉丝数量，而利用优秀的文案在评论区与粉丝互动，就是“引流吸粉”的一种常用方式。

各大短视频平台都拥有庞大的用户群体，其中不少用户喜欢在短视频下发表评论，这就极大地提升了账号的热度。创作者如果能善加利用评论区，不仅能从中找到更多灵感，还可以提升账号的影响力，增加粉丝黏性。

粉丝、用户的评论不仅能提升短视频作品的活跃度和热度，还具有精准引流的作用。在一条颇有热度的短视频下，精彩的评论可以起到引发热议的作用。一方面，评论者多半为普通用户，创作者与他们互动，很容易被他们认可，使评论者产生“被‘大人物’钦点”的幸运感，也更乐于积极参与后续互动；另一方面，评论区热度高也会提升创作者的信心，激励创作者创作出更好的作品。以下是常见的评论区互动涨粉的七种方式。

1. 痛点共鸣法

什么是痛点呢？简单来讲，就是用户或消费者比较在意的点，是创作者获取“卖点”的一个来源。

例如，你饿了，想点个外卖，这就产生了需求。但是如果家里来了客人，这时候点什么样的外卖既体面又实惠呢？于是，你开始纠结了，这就是你当时的痛点。

再如，在知识类短视频中，创作者展示自己的专业性并成功引出了和用户有关的痛点话题，用户也在评论区积极回应。那么，创作者怎么做才能和用户进一步产生共鸣呢？当然是创作者用自己的专业知识来“征服”用户。这种做法既会让用户信任创作者的专业水平，还会让账号涨粉，并增加粉丝黏性。

需要注意的是，如果创作者在短视频中提及了多个痛点，那么就要在评论区做个简短的引导性发言，既点出痛点，也要有重点，引导用户和粉丝讨论一两点重点，这样更利于用户了解创作者想要表述的重点内容。

2. 利用其他账号提升用户的信任感

在短视频平台上，很多创作者不止拥有一个账号，大多以主账号为主，其他账号为辅。当创作者在主账号发布短视频后，可以用自己的其他账号在评论区积极与用户进行互动，也就是俗称的“托儿”。例如，创作者用其他账号以粉丝的身份在评论区讲述自己的心得、感受，带起节奏，营造出热闹的氛围。需要注意的是，创作者要多准备几个这类账号，不能每次都用某一个或某两个账号引导评论，这样很容易被粉丝识破“托儿”的身份，如果一旦被粉丝发现这个行为，创作者可能会面临很尴尬的局面。

3. 自编自演吸引粉丝

这种方法与前一种的不同之处在于：不用“托儿”的帮衬，自己就可以搞定。创作者自己主动在评论区发布与短视频相关的内容，以及求关注等话语，如果用词恳切，就会有不少用户主动参与讨论或转为粉丝。

例如，有些创作者做的是产品类短视频，则可以在评论区内以分享为名提及商品，并将这些话语置顶，如“有很多老铁看完视频后私信我，问我使用的是哪款宝贝，我在这里给老铁们统一回复哈：是 ××× 牌的 ××× 型号产品，我的亲身体验证明，这个东西老有效了！”

4. 用幽默增加互动

有的创作者在维护评论区方面做得很出色，不仅与老粉丝互动频繁，还转化了很多新粉丝。他们之所以做得好，除了自身的人格魅力外，大多还因为他们的语言风格风趣幽默。其实，他们在评论区展现出来的幽默话语并非都是自己想出来的，而是很可能借鉴了很多幽默素材。他们事先对各种金句、搞笑段子、幽默的吐槽以及流行的“神回复”进行了收集、分类和适当修改，使用这些素材时就能极大地提升评论区回复的趣味性，提升用户和粉丝对自己的好感度。这种方式比中规中矩的评论、回复要高数个“段位”，对用户、粉丝的吸引力很大。

5. 提问式留言互动

提问式留言能快速、有效地获得高评论量。创作者精心设计的巧妙问题往往能起到抛砖引玉的效果，把用户和粉丝们的注意力吸引过来，激发他们的表现欲，评论区的互动就会增加不少，甚至用户和粉丝们在评论区谈论得热火朝天。这时，只需创作者时不时出现，引导一下舆论导向即可。

6. 举办评论区活动

这种方式是创作者在评论区抛出一个与短视频相关的主题或活动，吸引用户和粉丝主动参与。例如，相关话题、情感沟通、问题征集、投票征集等方式均可。另外，创作者还可以举行抽奖活动、奖励点赞量最多的粉丝等一系列活动，激发用户的参与热情。需要注意的是，这类活动不宜出现得过于频繁，否则可能会适得其反，降低粉丝的期待值。

7. 利用他人的评论区为自己涨粉

这是一种借助其他网红的流量和关注度提升自己影响力的方式。创作者在关注其他网红时，可以多关注一些和自己短视频类型相似的对标账号，在他们发布新作品后尽快出现在其评论区中，用自己见解独到的评论抢占前几名的位置，为自己赢得免费的曝光机会，从而实现引流效果。评论时，创作者可以展示自己的账号，吸引对方粉丝的注意力，让对方粉丝去欣赏自己的短视频。需要注意的是，创作者在展示自己的账号时一定要把握分寸，不能过度、过分。否则不仅不能为自己“吸粉”，还有可能遭到对方粉丝的反感和抵制。

第五节 文案创作中需要避开的雷区

如今，看短视频已经成为人们常见的休闲娱乐方式之一。各类短视频数量众多、内容丰富，能充分满足各类人群的欣赏需求。这就需要感谢那些为此付出努力的创作者们了。他们不仅要想方设法策划有特色的选题，制作优质的短视频，还要避开文案创作中的各种雷区，将短视频呈现在用户眼前。但是，有些新手创作者对短视频文案中的雷区并不是特别了解。接下来我们就一起了解一下在短视频文案创作中需要避开的十大雷区。

1. 文不对题

如果短视频的内容与标题不符，用户们因被标题吸引而观看后会产生上当受骗的感觉，极大降低该视频账号在用户心中的地位。各大短视频平台都会将这类短视频判定为低质作品，进行限流，甚至有可能做出强制下架、封号等处罚。因此，创作者在创作短视频文案时要避开这个雷区。创作者可以将标题创作放在文案创作的最后一步，先紧紧围绕事先拟定的主题进行正文文案创作，之后再拟定符合主题的标题。比如，创作者如果要做一期介绍旅游景点的短视频，应该先对相关景点进行一番了解和调查，再确定短视频的主题是从山、水还是从动物等方面入手，敲定这些后，根据自己想表达的某个点拟定标题就可以了。

2. 主题不清晰或语言累赘

有些创作者没有经过深思熟虑就匆忙下笔写短视频文案，常出现文案主题不清晰、逻辑性较差等情况，令人观看时一头雾水。

还有的创作者会使用许多形容词和副词对事情或观点进行描述，也会影响用户的观看体验。比如，创作者在形容海市蜃楼这一景象时，用“绝美的，难得一见的，非常漂亮，令人震撼的海市蜃楼终于出现了”表达欢喜之情，但是，这样累赘的语言会影响人们欣赏海市蜃楼美景视频的体验，甚至引起人们反感。

3. 使用大众不熟悉的词语

有些创作者在写作文案时会用一些生僻词或小范围内流行的缩写词等词语，来体现自己的才华或对某一细分领域的了解。这种方式是不可取的，这不但会影响用户的观看体验，还可能会因为这些字词的使用频率低而被平台减少推荐，从而导致账号损失许多潜在用户。

4. 标题和内容过于夸张

夸张的手法经常用在广告或文学作品中，适当的夸张有利于表达创作者的情感，但是在短视频创作中如果过度使用夸张手法，可能会令用户产生华而不实、言过其实等负面印象，进而取消对账号的关注。更有甚者，可能直接向平台投诉，给账号带来不必要的麻烦。

如果创作者经常采用过于夸张的手法创作文案、制作短视频，不仅可能受到部分用户的抵制，还可能被平台限流，甚至可能影响创作者新作品的审核和发布，使作品难以通过审核，无法展示在用户眼前。这对创作者来说反而是弄巧成拙。

5. 未经许可使用公众人物的名字、其他公司或组织的全称

有些创作者在文案中提及与某位公众人物、组织或公司有关的事情时，常常未经授权就写出他们的名字、名称。创作者的这种做法蕴含着很大的风险，可能会受到对方的投诉，甚至还可能面临被起诉的危机，作品也可能因此被平台下架，账号也可能被限流。因此，创作者要想使用某人的名字、某组织的名称，只能事先取得相关方面的授权。在未获得授权时，创作者可以采用“某某”等代名词进行表述，既能令大众明白其意有所指，又能避免引发纠纷。

6. 发布违法内容

抖音、快手、小红书等平台对短视频中的违法内容一向持严厉禁止的态度，短视频中一旦出现触犯法律法规的视频、画面或词语，或含有宣扬与“黄赌毒诈”以及人身攻击等有关的内容时，就会被平台给予相应的处罚，或者审核不通过，或者作品下架，严重时还会被封号，甚至受到法律制裁。因此，创作者应了解平台的相应规范，多学习一些法律知识，以免碰触雷区。

7. 违反公序良俗和社会价值观

有些短视频的内容虽然没有触犯法律法规，但与社会公序良俗和主流价值观相违背，这不仅会引发巨大争议，产生负面影响，还会受到平台的严厉处罚。例如，有的摩托车爱好者经常发布一些年轻人深

夜飙车“炸街”的短视频。又如，个别创作者为博出名，在侵华部队遗址前摄制带货短视频，甚至直播带货，这样的行为触犯了大家的情感底线，引发众怒，也受到了平台的处罚。

8. 搬运和盗用内容

不少短视频创作新手为省时省力，直接将网上受到版权保护的图片或短视频用在自己的创作中，或者把其他创作者的文案进行简单修改，配上自己拍的图片或视频后直接发布。这种行为就是搬运和盗用内容，是各短视频平台严厉禁止的，也是违法行为。创作者一定要自己创作文案并拍摄视频素材，需要使用某些图片或视频前，一定要获得使用许可。

9. 跨行发布需要资格认证的内容

这个雷区容易被创作者忽视。医学、法律、新闻等专业领域的创作者如果要在抖音、快手、小红书等平台发布相关内容的短视频，需要在平台上进行相应的职业资格认证。也就是说，只有从事该行业工作并取得相应专业资格证书的人才能在平台发布相关内容的短视频。而有些短视频创作者往往会忽视这些资格认证要求，令文案和选题正中雷区，导致作品被投诉或限流、下架。比如，一位非医学专业出身的人发布医学类短视频，不但会受到用户的质疑，也容易受到平台处罚，不利于账号发展。

10. 违禁字词

新手短视频创作者常会误入违禁字词的雷区，导致作品无法通过平台审核或被强制下架。一般来说，各大短视频平台都有各自的违禁字词过滤系统，以规范创作者的语言使用行为。各短视频平台常规的违禁字词包括以下几个方面。

（1）含有色情、暴力、恐怖主义等相关词汇。

（2）不利于社会和谐稳定发展的字词。

（3）对产品功效进行夸张表述的字词和绝对化的词语，如“超强”“全球第一”“绝对精确”“全国领先”“顶级”“全网最低价”“经测试 ×× 天有效”“产品全面升级”“安全无隐患”“具有抗癌降血压等作用”……

（4）时间限制类词语，如“仅限一天”“随时结束”“随时涨价”等。

（5）滥用“专家推荐”“老字号”“中国驰名商标”等词语。

（6）使用“免检产品”等词语。

（7）使用“各级政府机构和领导人推荐”等词语，如“国家 ××× 领导人推荐”“国家 ××× 部委推荐”，等等。

（8）含有封建迷信色彩的词语，如“算命”“算卦”“趋吉避凶”等词语。

了解了这些违禁字词，创作者就可以在文案创作时避免碰触违禁字词的“高压线”，使作品得以顺利发布。每次在文案创作结束后，创作者都要仔细检查文本，以免出现违禁字词，也可使用违禁字词检测软件进行辅助检测和修改，省时省力。

第六章

各类爆款短视频文案的特殊创作技巧

第一节 VLOG类

“VLOG”是指创作者以记录日常生活为主的一种短视频创作方式。最初的VLOG作品大多由比较专业的人士创作，随着短视频越来越普及，很多业余爱好者也纷纷加入创作大军。从实战成绩来看，非专业人士的实力不容小觑，如果他们在专业知识、技能方面继续提高，会创作出更多的优秀作品。

一、VLOG的三种时长类型

VLOG的创作者除了要给账号做内容定位之外，还要确定以做哪种时长的作品为主。一般来说，VLOG有三种时长类型。

1. 二十秒

这种时长的VLOG最容易上手，它只需借助平台提供的摄制功能，再配上热度较高的音乐，一个简单的作品就能被创作出来。有的创作者能在这短暂的时间内简洁地讲述一个故事，阐明自己的观点，将其做成独有特色的作品。“时间短”是其明显优势，创作者不用担心用户失去耐心，用户对这类作品接受程度高。对创作者而言，这个时长的 VLOG 不需要创作者在剪辑及配音等方面耗费太多时间和精力。

2. 五十秒

这类 VLOG 需要创作者提前准备好各种素材，做足准备工作。毕竟主题是否具有吸引力是其能否被点开的关键。无论创作者想要通过 VLOG 传播哪类内容，是一个道理还是一个故事，都要先用主题来吸引用户，用户点开、观看后才能了解创作者的观点。最后，要在 VLOG 的结尾提出问题或留下悬念供用户思考。这就要求创作者要花费一定的时间和精力来打磨 VLOG。

3. 一百八十秒以上

这类 VLOG 时长较长，涉及的类别较多，内容也更加丰富，不管是美妆、穿搭、旅行、美食还是数码，创作者都能在 VLOG 中进行比较细致、完整的讲解，但相应的，这也要求创作者在文案、拍摄、剪辑等方面有较高的能力。

综上所述，如果是刚刚起步的 VLOG 新手，建议可以先从创作二十秒或五十秒时长的 VLOG 入手，熟悉后再过渡到一百八十秒以上的 VLOG。

二、VLOG 文案的创作方式

VLOG 的主旨虽然是记录生活，但为了吸引用户观看，也需要创作者掌握一定的文案创作技巧，这样才能使账号做得长久，发展良好。以下是几种常用的 VLOG 文案创作方式。

1. 激发好奇心式

创作者在进行 VLOG 创作时，可以通过用户感兴趣的标题激起用户的好奇心，增加点击、观看、评论数量，再在内容中做进一步的阐释。如“什么叫惯性”这个 VLOG 的内容可以通过生活中各种常见场景中出现的“惯性”，对标题提出的问题进行回答，结尾的文案做好首尾呼应即可。

2. 直白建议式

创作者直白地说出自己的想法和建议，吸引有相关需求的用户的回应。例如“建议大家夏天不要吃凉性食物”等等，这类标题会直接将 VLOG 的核心内容展现在用户眼前，吸引有需求的用户点开 VLOG，创作者只需要通过视频对所提建议或想法进行详细阐述即可。

3. “显眼包”式

“显眼包”是指在同类事物中比较博人眼球的存在，这种方式用在 VLOG 中也有不错的效果，能促使用户不由自主地点进去观看。例如创作者搞怪式的出镜表演会吸引不少用户观看，然后在内容中进行或风趣或精灵古怪的讲述，也会很吸引粉丝。又如之前提过的采用带有数字或是前后具有反差的标题等。总之，这类 VLOG 越“显眼”越有效果。

4. 情景联想式

创作者将热点剧情或社会热点事件通过标题进行呈现，让用户一下子便可以联想到相关剧情、热点，进而点击观看。这种方法能够快速吸引用户的目光，达到短时间内“吸粉”的效果。需要注意的是，虽然 VOLG 的打开率常取决于其标题和封面，但内容才是真正决定用户、粉丝黏性和活性的重要因素，因此，VLOG 创作者要学会灵活运用各种创作方式，才有可能取得更好的效果和成绩。

三、常见的几种 VLOG 文案结构形式

创作者在制作 VLOG 前要先确定文案的结构形式，目的是将 VLOG 以更简洁明了的方式呈现给用户，利于用户浏览、欣赏。以下是几种常见的 VLOG 文案结构形式。

1. 并列式

并列式对创作者来说是最简单的一种文案结构形式。它适应面较广，无须过多的技巧，只需创作者将视频内容梳理后进行适当排列就可以了，例如以下两种并列式文案结构。

（1）总结类 VLOG。"毕业五年，你收获了什么？理想、亲情、爱情还是高薪……"

（2）学习类 VLOG。"通过一个月的军训，你学会了什么？坚持、坚强、友爱、拼搏……"

2. 递进式

这种文案结构不需要奇思妙想，创作者只要按照一定的逻辑顺序进行创作即可，例如以下两种递进式文案结构。

（1）以时间为主线的"从古到今，昨天、今天、明天……"。

（2）以因果为主线的"起因、经过、结果"等等，层层说明，层层递进。

3. 对比式

当有两个或两个以上的事物需要进行比较时，创作者常使用对比式文案创作方式，既可以是正反对比，也可以是优劣对比。

例如“选用国产机未必不好，单讲微信的双开功能，其他国家的手机就没有”，我们可以以“我认为国产手机实用是因为它更了解中国人的使用需求”来明确自己的观点。

4. 总分总式

很多文案在创作中都会使用“总分总”式结构，开篇先提出核心观点，然后用分述的方式对该观点进行阐述，最后在结尾呼应主题即可。

拍 VLOG 其实就是记录自己的生活，其难度并不大，我们只要掌握了文案创作方法，并不断实践、摸索，增长经验，就能收获更多粉丝，并实现更多变现。

第二节 知识类

在百花齐放的短视频领域中，知识分享类短视频深受用户喜爱。抖音、快手、小红书等各大平台都出台了利好这类短视频的举措，为创作者提供了更多的展示机会。由此可见，知识类短视频在未来仍然有很好的发展空间。不过，要想在这一领域创作出优秀的短视频，创作者还需要掌握相应的文案策划和创作技巧，不断提升自己的能力，为账号的良好发展打下坚实基础。

一、选题角度要精准恰当

有句广告语是“只选对的，不选贵的”。我们做短视频也一样，合适、精准的选题角度非常重要。因此，当创作者确定了账号的定位及个人风格后，就该认真思考选题角度这一问题了。以下三种选题方法供创作者参考。

1. 将内容与数字结合

那些与数字结合的选题和标题在浩如烟海的短视频选题中，一直是特别醒目的存在。创作者只要能抓住这一点，在短视频创作中稍加利用就能抓住大众的眼球。例如，“冻龄的五种方法”“三种方式重获胶原蛋白”等等。

在创作知识类短视频时，如果前期准备的内容较多，且内容间有比较清晰的划分，那么可以将一段内容分成多期短视频，既能让用户连续观看，又能增加完播率，可获得平台更多推荐机会。

2. 抓住用户的痛点

如果选题抓住了用户的痛点，就容易激发用户的观看欲望。有时，短视频的选题越是用户不了解的，越有可能击中用户的痛点。例如，“关于男人，你一直不知道的几件事”。

3. 利用矛盾点和反差感

通常情况下，人们对看似矛盾或不合常理的事情比较敏感，所以，我们打造选题时可以迎合人们的这种心理，以矛盾和反差来吸引人们的注意力。比如，用一种少有且有趣的角度重新看待常见的道理或事物，并讲述其内在的合理性。这种选题角度自带反差感或喜感，对用户有较强的吸引力，很适合知识类短视频。例如，“秃子会长虱子吗”“毒蛇牙中有毒，为什么毒不死自己”等标题就充分体现了这一特点。

二、常见的三类知识类短视频的创作技巧

1. 健康知识类

健康知识类短视频主要涵盖知识分享、问题解决和科学辟谣等话题。创作者大多真人出镜，以医生、营养师、医学研究者等专业身份

讲解健康知识。这类短视频的粉丝群体以中老年人为主，普遍年龄较大，所以，善于沟通且具有亲和力的创作者形象更容易赢得用户的信任和支持。下面来看一下这类短视频的创作技巧。

（1）内容方面。这类短视频应直截了当地讲述精练内容，避免拖沓。创作者可以在写文案时就设置一些提问、投票等互动环节，以增强粉丝的参与感。

（2）风格方面。以亲和性强、接地气、深入浅出的讲述为主，避免提及过于专业或复杂的医学术语。

需要注意的是，这类短视频要格外重视内容的真实性、准确性、科学性，如需引用医学研究结论或相关专家的观点，则需注明其权威来源，不可造假。

2. 自然科学类

这类短视频中的内容有一定的神秘感，其呈现方式也可以多种多样。例如天文地理类短视频多使用拍摄资料或者动画模拟图像，再配上相关讲解便可以呈现；物理、化学、生物类的知识性短视频作品多用实验操作、实验观察与动画模拟相结合的方式制作。总之，创作者可以根据不同的学科知识呈现的需要，采取不同的创作方式。下面我们一起看一下这类短视频的创作技巧。

（1）内容方面。选择与自然科学相关的热门话题或前沿研究成果，保持内容的吸引力。

（2）风格方面。以简洁明了的风格为主。应避免在短视频中讲述过多的专业术语，如有必要涉及，要对术语进行充分的解释，最好是以解说加文字的方式展现在用户面前。这类短视频需要创作者格外重视画面、音效、特效等的配合，力求在听觉及视觉方面为作品加分。

需要注意的是，自然科学类短视频是颇为专业的领域，创作者一定要确保科学性和知识的准确性，避免出现纰漏或不合理之处。

3. 人文知识类

这类短视频的内容涵盖范围较广，包括历史、政治、文学、法律、道德、宗教、语言等门类，也拥有庞大的受众群体。创作者在创作时应当尊重事实。短视频中的个人见解必须要在真人、真事、真感情的基础上呈现。

这类短视频想要做出精品，需要不断打磨，优秀的文案创作只是其中必要的一部分，创作者还需要多方面考虑，踏实走好每一步。下面是这类短视频的一些创作技巧。

（1）内容方面。优先选择与日常生活、热点事件或传统文化等相关的内容进行创作，每期短视频之间最好要有一定的学科相关性，不宜有过多的跨界内容。

（2）风格方面。这类短视频应通俗易懂，在此基础上融入个人风格和独特见解。另外，创作者在创作这类视频时如果能提高短视频的视觉效果则更好，如进行画面的色彩搭配、提升画面质感等。

创作者在创作这类短视频时要确保其内容的准确性，如历史、文化内容中涉及的朝代、人名、事件等，要确认无误后再进行加工、创作，以免引起不必要的麻烦。除此之外，创作者在创作时要有自己的观点、正确的立场和三观，维护国家利益、民族利益，要尊重多元文化，不能含歧视性观点。

第三节 时评类

时评是对时事新闻事件进行评论、分析的言论或文章。在新媒体时代，时评类短视频在各大平台上展现出了新的活力。一些创作者打破陈规，创造出一个个生动有趣、充满创意的优秀时评类短视频。新媒体的时评文案不论是从内容、调性，还是写作技巧上，都和传统时评有很大的差别。所以，如果创作者想在时评类短视频领域大展拳脚，就要先学习其创作方法，再付诸实施。

一、时评的几种形式

1. 赞扬式

这种方式侧重对人物、事件、处理方法、工作方案等方面的讲述和分析，并给予较高的肯定和表扬。例如“在烈火中铸就永恒生命——记在扑灭森林火灾中英勇牺牲的某某”，其主题是充分赞扬烈士为国为民的大无畏精神。

2. 批评式

这种时评和赞扬式恰好相反，对人物、事件、处理方法、工作进程等方面进行客观的讲述和分析，指出其中存在的问题，再结合相关规定或法律条文、道德准则等进行论证、批评，抨击社会不良现象或恶性事件，弘扬社会正气，倡导人们学法、知法和守法。

3. 建议式

这种时评首先梳理事件的前因后果，创作者再就其中某个问题提出具有建设性的意见或观点，最后给出有理有据的解决方案。需要注意的是，在创作这类短视频时，内容要生动、有趣味性，这样才能吸引更多的人关注和观看。

二、时评类文案常用的结构形式

1. 开篇：引出对事件的赞扬或批评

创作者在文案的开篇部分明确指出该事件中值得赞扬或需要批评的地方，这样做有利于后文具体讲述，能更好地引发用户的关注和评论。

2. 正文：叙述概况

具体讲述事件的起因、发展、结局和社会影响，并讲出事件中的几个关键点，帮助用户理解事件的全过程。之后再结合相关规定、法律法规或社会准则对该事件进行明确的赞扬或批评。

3. 结尾：再次点题

总结该事件，再次强调创作者的评论、观点，对主题进行升华。

此外，创作者在写这类文案时还要注意：首先，在叙述事件时，内容要围绕核心有序展开，把握恰当的节奏；其次，创作者在评价事件时不能信口开河，要有事实依据，有理有据，这样才能令人信服；最后，创作者要观点鲜明，态度坚定。

三、时评类话题的讲述技巧

1. 大而化小

创作者遇到比较宏大的事件时，可能一时之间很难抓到重点。这时不妨放弃大、空、泛的想法，而是将该事件分成若干个具体部分，再分别对其进行叙述和评论，从而实现大而化小的目的。

2. 小而化大

和前面对大事件的处理方式相反，创作者要想将“小话题”做得精彩，就要将它做“大”。对于小事件，创作者要学会通过现象看本质，发现小事件背后的原因或道理，并通过举一反三，发现其他关联事件，这样一来，创作者才能对小事件进行深刻的评论，吸引用户关注。例如对于近期出现的某些社会问题，创作者能够通过现象看本质，从表面向内，挖掘其深层次内容，寻求事件的根源和真相。而对于发生在某个人身上的“小事情”，创作者首先要了解这个人的社会背景，再剖析其个性，将两方面结合，进行深入思考，再在视频中进行分析评述，最后，给出自己的结论和观点。

可见，优秀的时评文案与选题的大小无关。面对宏大的事件不一定要做出“大思想”，小事件也能呈现、反映出“大道理”。其实，对用户来说，无论事件是宏大还是微小，只要时评做得精彩、有趣或观点独到，用户就愿意观看，愿意和创作者互动讨论，愿意点赞、转发。

3. 合理的质疑

有时，在进行时评文案创作时，创作者有可能会因为某些思想或观点先入为主而造成判断上的偏差。因此，在进行时评文案创作时，创作者要尽量保持中立的态度，了解事件的全过程，还原事件的原貌后再进行有理有据的分析、质疑或赞扬等。另外，创作者对事件的评论应建立在公正、公平、善良的基础上，不要为了评论而评论，这样不仅失去评论的价值，还可能反过来受到粉丝的质疑和抵制。

第四节 情感类

与知识类及时评类短视频相比，情感类短视频由于容易触动用户的内心，带动性强，容易受到短视频创作者的青睐。一般情况下，情感类短视频多以故事情节作为主体。优秀的情感类文案，既要让用户看到故事，又要让用户通过故事去体验其中的内涵。然而，此类视频常出现用户看到一半没看懂，然后就划走的情况。情感类短视频要让用户明白我们想要表达什么，要为用户扫掉所有可能引发用户误解的障碍。这就好比剥洋葱，要一层一层剥开后，才能走进用户的内心。那么，怎么才能写出理想的情感类短视频文案呢？

一、情感类短视频文案写作技巧

1. 紧抓痛点和兴奋点

创作者要想将短视频文案写得有血有肉，就要参透用户群体偏爱什么。创作者只有了解用户的痛点、兴奋点、最在意的点，才能有针对性地根据不同群体做出相应的选题策划，写出来相应的文案。这样既可以避免跑题，也可以利用共鸣性的情绪促使用户看完短视频。

2. 在“共情”中赢得赞誉

情感类文案重在一个“情”字，所以，创作者应从感受他人的情绪入手，走入他人的故事，真切感受他人情绪的变化，这样才有可能写出感动人的短视频文案。人生本是五味杂陈，常有爱意、感动、痛苦、开心、恐惧、焦虑等情绪。创作者要学会多角度看待每一个具体的情感世界，在保持自己立场的同时适当迎合用户的需求，这样才能达到“吸粉”的效果。

3. 体现互动性

创作者要想保持用户的活跃性，就要多和用户互动。如何才能产生互动呢？短视频要让用户有共鸣、有代入感，这样才能激发用户产生讨论等互动行为。另外，创作者在创作情感类文案时最好选取存在矛盾性和争议性的话题，这样更容易引发用户评论。需要注意的是，创作者要持积极正面的观点，以承担起弘扬正能量的社会责任。

4. 内容要吸睛

一般来说，平铺直叙的故事大多没有太多吸引力，只有情节起伏、精彩纷呈或满满“干货”的故事才能直达用户内心深处。那么，情感类短视频怎样才能吸睛呢？要情节曲折、自带热点、有观点、含问题、引思考、结尾有升华。因此，创作者可以根据以上几点来创作情感类短视频文案。通俗来讲就是开篇点题，讲出精彩故事，用热点或是场景引出观点，提出高水平的问题，给出答案，最后升华主题。另外，创作者在创作文案时还要确保故事的完整性，并能有节奏地不断推进情节发展，在此基础上再进行各种分析和评论。这样，视频自然就有较强的吸引力。

二、如何提升情感类短视频文案的写作能力

1. 积累素材

创作者平时要不断积累素材，这样才能在创作时信手拈来，才有可能创作出精彩的作品。将日常生活中看到的、听到的、让我们有所感触和领悟的内容整理成小段子、小故事记录下来，再分门别类保存起来，以备日后创作时使用。

2. 从其他情感类节目中“取经”

创作者如果想了解社会上的真实的情感故事，就要经常看新闻报道、电台的情感类节目或纪实性情感节目等，这样，不但能收获较多的素材，还能学习这些节目的创作技巧以提高自己的能力。另外，抖音、快手和小红书等短视频平台上爆火的同类账号也是创作者学习的对象之一。

3. 阅读心理学等书籍

灵感和技巧的双重加持可使创作者写出精彩的短视频文案。而灵感和技巧从哪里来呢？除了在日常生活中积累素材，还有很大一部分来源于读书学习。因此，创作者想要保持灵感不枯竭，就要大量阅读书籍，包括心理学、社会学、文学等人文社科类书籍，多揣摩人们的内心世界，这样才能在文案中呈现出精彩的情感故事。

三、几种常见的情感类文案写作技巧

1. 亲情类

创作者可以用感动、暖心或煽情的事件作为短视频的切入点，在讲述故事的过程中与用户产生强烈的情感共鸣，激发用户的观看欲望。亲情类短视频文案的写作切入点主要有以下四种。

第一种，通过具有代表性的物件引出与目标人物之间的情感纠葛。例如“妈妈的珍珠项链”“爸爸的大头鞋”等。

第二种，通过事件引发出如感动、伤心、领悟、受到启发等种种情绪。

第三种，解决亲人之间出现的情感问题。这种问题可以是因小摩擦而结的怨，也可以是不好意思表达的爱等。

第四种，亲人在相处中发生的令人感动的事情，展示亲情的美好。

2. 友情类

讲述友情的短视频通常是以朋友在相处的过程中发生的事情为切入点，在讲述事情的过程和结果时，创作者总结出自己的种种感悟。一般情况下，友情类短视频一般有两种模式。

第一种，时有风波。即使是再亲密无间的朋友，也会在相处的过程中产生摩擦。当人们在生活中遇到困难和考验时，对友情的考验以及友情的力量也会得以体现。因此，友情类文案常以朋友之间的不愉快、矛盾等为切入点，最后以互相包容来化解问题，体现友情的珍贵。

第二种，朋友关系中的一方产生变化。这种方式也是以矛盾为切入点，但解决方式是以一方为了友情放弃个人利益，另一方因此有了思想转变来呈现的。写这类短视频文案时，要把侧重点放在转变一方的心理或情感变化的原因上，为后面出现的两者友情的加深做铺垫。

3. 爱情类

这类短视频主要是以不同人的不同情感经历或个性化的感受来推进的。创作者要在讲述情感故事的基础上弘扬正能量。一般这类短视频有以下三种模式。

第一种，幸福的爱情。这类短视频主要讲述不同生活场景、不同年龄段的人们各有千秋却同样幸福的爱情生活，以及不同的家庭中成员间独特的相处之道。

第二种，爱情悲剧。主要展现情侣分手、夫妻离婚等以“劳燕分飞”为结局的爱情故事。分析、呈现他们分手的原因以及其中暗藏的种种问题，使他人可以借鉴，向人们传达幸福生活的可贵。

第三种，展现单相思或不为社会主流所认可的恋情，向人们展现某些群体的生活状态和内心世界。

四、情感类短视频文案常用模板

1. 并列式

这种文案模式大多是由多个没有较强逻辑关系的故事组成。创作者讲述完一个故事并发表评论后，再讲述下一个故事，讲述完多个故事之后再进行总结，并分享自己的观点。这种写作方式结构简单，编排灵活，创作者容易把握。

常用模板：故事 1+ 评论 1+ 故事 2+ 评论 2+ 故事 3+ 评论 3+ 总结 + 观点分享

2. 总分总式

这种文案也是由多个故事组成，创作者在开篇就会提出自己的立场和观点，然后分别讲述故事。在每一个故事之后有一个小总结，所有故事讲完后会进行全面总结，并重申自己的观点。这种写作方式结构清晰，便于用户了解创作者的观点和立场。

常用模板：总观点 + 故事 1+ 总结 1+ 故事 2+ 总结 2+ 故事 3+ 总结 3+ 全面总结，观点重申

3. 先故事后论述式

这种文案是将多个类似或有某种关联的事例集合在一起，并按照一定的规则排列，然后依次讲述故事，等到将多个故事讲完之后，再对它们进行具体论述并提出自己的观点。这种写作方式因为是先讲故事，所以更容易吸引用户观看。但是，这种创作方式在论述时不宜篇幅过长，以免用户失去兴趣而中途划走。

常用模板：故事 1+ 故事 2+ 故事 3+ 总论述 + 总观点

第五节 幽默搞笑类

古人言："情欲信，辞欲巧。"这句话是说无论是说话还是做文章，都要有发自肺腑的感情，依势而为，巧妙表达。这句话也适用于搞笑类短视频文案。同样的事，同样的叙述逻辑，我们用幽默搞笑的语言风格配以表演，巧妙地将它们进行重新演绎，会获得良好的效果。搞笑类文案既要在情理之中，又要在意料之外，这是它的核心。如果创作者可以运用简短且搞笑的语言风格阐述出一个人人点头称赞的道理，或者揭示一个让人没有想到的真相，并且达到让人展露笑颜的效果，就说明这篇搞笑文案创作成功了。

一、套路与公式

现如今，生活、学习、工作中充斥着各种各样的压力，而幽默搞笑类视频能减轻和缓解压力，这使得越来越多的人喜欢观看幽默搞笑类短视频，这样的短视频账号也更容易涨粉。当然，也存在许多搞笑不成反失利的情况。那么，创作者应该如何避免搞笑失败的情况呢？其实，幽默也是有公式的。如果你想激发你的幽默搞笑创造力，不妨参考以下创作公式。

幽默搞笑类文案 = 铺垫 + 包袱

从这个公式中我们不难看出，幽默搞笑类文案由两部分构成：前者铺垫、烘托气氛，将观看者引向“南”处；后者抖包袱、制造反差，将观看者引向“北”处。前面不必笑点频繁，陈述好内容即可，后面的包袱才是重头戏。例如“世上无难事，只要肯放弃”。这个文案前半句说得中规中矩，后面突然转折，产生强烈的幽默效果。

包袱是搞笑视频的第一要素。但要抖好包袱不是容易的事。一是要把包袱放在恰当的位置，一般来说重头戏都在后面，包袱的出现也是越往后效果越好；二是抖了包袱以后，不要对笑点做过多解释，话落即止。

另外，创作者在应用上面的公式进行创作时，除了公式中的两部分外，其他地方不要过于啰唆，有时候话语过多反而削弱搞笑效果。

二、幽默搞笑的技巧

1. 拆分与暗示

很多时候，幽默看似是在叙述日常生活中可笑的事，实际上却是让人通过搞笑的表面对某件事有所感悟，思考其背后的道理。在幽默搞笑类视频中，创作者会暂时隐藏道理和真相，等到激发出人们的好奇心后再揭开底牌。要想实现幽默搞笑效果，我们不妨学一学拆分法与暗示法。

（1）拆分法。拆分法是指创作者对原有内容进行分割，重点是开端部分保持不变，在后半部分做意思上的改变，从而产生喜剧效果。比如，原话是“生活就像是一位不断精进的厨子在烹饪，各种滋味都有。”短视频创作者可以在文案中改为“生活就像是一位不断精进的厨子在烹饪，每次都是咸的。”

（2）暗示法。暗示法是指创作者不直接说出自己的观点或结论，而是用幽默的方式让他人在忍俊不禁的微笑中理解自己话语中的真实含义。例如，创作者在谈论体育运动时可以这样表达自己的喜好：“我在公园里最喜欢做的锻炼项目是——坐在长椅上，看别人锻炼。”

2. 曲解式幽默

这种方式是有意让人在对话中对个别词语产生曲解，然后再运用诙谐的语言巧妙化解，达到搞笑的效果。例如跟朋友过马路时，你拉了他一下，说：“小心车。（停顿）碰坏了咱可赔不起。”

3. 模仿创新

每个领域都有脍炙人口的经典，短视频领域也是如此。创作者可以根据自己的短视频所涉及行业的特点对经典短视频进行改编，让幽默感自然产生。例如，把传唱度较高的歌曲《最浪漫的事》的歌词改编成“我能想到最浪漫的事，就是一起和你撞大树，从公园东撞到公园西，然后再跳一场广场舞……”

如果学习有捷径的话，那么模仿和借鉴可以算一条，只要改得好，就有可能成为经典。

4. 反差式幽默

反差的形式多种多样，只要前后有巨大的差异并能形成对比，那么生活中许多语言和表达都可以产生幽默感。例如，大张伟曾说："每一个人都应该热爱小动物，因为它们非常好吃。"这就是一句经典的反差式幽默。前半句说小动物可爱，人们理所当然地会按照固有思维想到要保护小动物，不承想后半句却话锋一转，转到了另一个方向。从这个例子可见，以反差的方式可以营造出极强的幽默感。

5. 自嘲式幽默

这类创作者一般都有强大的内心，他们可以将自己当成搞笑、自嘲素材的来源，自然也有将别人逗笑的实力。这类短视频创作者通常会将自己放在低处，通过自贬或自嘲的方式达到幽默的效果。需要注意的是，自嘲式幽默的对象虽然是自己，但也不能一味贬低，甚至走低俗路线，而且要遵守一定的原则。比如，身体缺陷等不在自嘲的范围内，因为可能会让观看者感觉到不适，所以创作者在运用自嘲式幽默时，最好能将自嘲和自夸结合在一起。

6. 用修辞来加持

其实，幽默最直接的体现就在语言表达上。而文案就是短视频的语言。所以，创作者在创作幽默搞笑类短视频文案时，可以融入夸张、反讽、双关等修辞手法，让语言变得生动有趣，增强短视频的幽默感，也就能大大提高短视频的流量。

幽默搞笑的方法多种多样，本节只介绍了一些常用的表现方式，创作者不妨以此练手，感受一下幽默搞笑类文案的魅力。

第六节 情景剧类

情景剧最初诞生于美国，是一种以室内戏为主的轻喜剧，参演人数较少，剧情简单灵活，剧集之间也不存在特别紧密的逻辑关系。《我爱我家》《武林外传》等有代表性的情景喜剧也非常受观众欢迎。现如今，短视频爆火，情景剧随之也有了新的形式——情景剧类短视频。它能在几分钟内讲述一个简短而有趣的故事，一般以喜剧类为主，也有爱情、励志、普法等类型，表演场景不局限于室内，公园、商场等场所都可成为拍摄场地。

文案作为情景剧类短视频拍摄的基础，能使拍摄和制作工作更顺畅。如果没有文案做基础，拍摄时很可能困难重重，且拍完后还可能发现内容缺东少西。在情景剧类短视频文案中，不仅涉及场景介绍、氛围烘托等，还要将角色的对话、独白等完整地展现出来。那么，怎样才能写好情景剧类短视频文案呢？

一、情景剧类短视频文案写作要点

要想写好情景剧类短视频文案，创作者首先要确定短视频的选题，然后搜集、整理相关故事素材，以剧本的方式将其演绎为一个简短、完整且合情合理的剧情故事，然后再进行拍摄和制作。一般来说，一个优秀的情景剧类短视频文案包括以下几个方面。

1．选题

俗话说："艺术来源于生活。"情景剧类短视频的素材一般也来自于现实生活，比如一次冲动、一段思念、一个物件或一场争执，等等。但并不是随便一段经历都适合拿出来做情景剧类短视频，创作者可以从以下三个角度入手，寻找合适的选题和素材。

（1）从生活中实际发生的或媒体报道的典型事件入手。在情景剧中，人物的性格和心理变化大多通过语言和行动展现出来。因此，创作者可以对素材中的故事和人物进行提炼，使人物形象更加生动、鲜活，使故事更加感人。例如"45岁女人的奋斗史——即使生活艰辛，仍要逐日向前"。

（2）从用户的角度出发，选取用户关注的热点事件并进行重新演绎。这种方式创作的情景剧类短视频在热点的加持下，能快速收获热度和粉丝。

（3）从经典影视剧中寻找合适的桥段并进行改编。以这种方式制作的情景剧类短视频大多以大众熟知的电影或电视剧中的经典场面为原型，人们一眼就能看出这是在模仿某经典影视剧的某个片段，会在会心一笑中为创作者点赞。这种"魔改"影视剧片段的应用范围很广，还可用于搞笑类短视频、情感类短视频，以及职场或励志类短视频。例如，周星驰的很多电影深受大众喜欢，像《大话西游》《国产凌凌漆》等影片就经常被网友和短视频创作者拿来“魔改”。又如，孩子们喜欢的动画片《奥特曼》也常被年轻网友在短视频中进行各种模仿、演绎。

2. 场景设计

场景是进行情景剧类短视频文案创作时要重点考虑的因素。不同的故事要以不同的场景烘托主题，同时也能使人们观看时产生共鸣。比如，在拍摄关于大学生活的情景剧类短视频时，创作者常以校园、教室、宿舍等为拍摄场所。又如，在拍摄情侣的有趣生活故事时，创作者多会以家庭、饭店、商场等为拍摄场所。

3. 展现人物魅力

在情景剧类短视频中，另一个决定短视频作品优劣的重要因素是主角的表演。因此，在文案创作阶段就要通过种种方式扬主角之长，避主角之短，使角色能有更好的艺术表现力，即：将角色写“活”。以下两种创作方法供创作者参考。

（1）用行为刻画人物性格。一般来讲，肢体动作、语言及内心活动都属于人物的行为。在情景剧类短视频中，剧情的演绎并不是完全靠说话，有时，一个小小的动作也同样可以给人留下深刻印象，也能体现出人物的性格特点。

（2）多角度烘托人物的内心世界。情景剧类短视频受时长所限，文案中，不能像小说那样用大段文字刻画人物的内心世界，也不能完全用独白的方式进行展示，这时就需要利用人物的动作、语言来展现人物的内心活动，或者通过营造环境的氛围体现人物的内心情绪。

此外，创作者也要给配角写适当的戏份儿，通过配角的表演烘托主角，使剧情更丰满、真实、感人。

4. 剧情设计

精彩的剧情是电影、电视剧等的核心，一波三折的情节发展令人为之着迷。情景剧类短视频也不例外，虽然每个视频仅有几分钟，但创作者仍要为大众营造出令人意想不到的情节走向。情景剧类短视频可能没有影视剧那么复杂的剧情和转折，但它“麻雀虽小，五脏俱全”，也拥有“开篇—发展—高潮—结局”这一完整的剧情发展过程，只不过因为短视频受时长所限，每个环节的展示时间比较简短。

（1）开篇铺垫。情景剧类短视频的开篇要起到给用户提示本期故事的主题、背景的作用。受限于时间，铺垫大多较简短，有的是以两三句话作为铺垫，有的是以字幕的形式出现在视频的开篇，还有的是以背景解说的方式作为开篇。开篇既要能有力地推动剧情发展，也要能满足用户快节奏生活的需求。

（2）故事发展。这部分是在人物的互动中推进剧情发展，也展示了主角的某些独特风格，如搞笑、幽默、出糗、上进、乐观等。人们在观看这部分内容时能了解故事的发展，也对高潮有更多期待。

（3）故事的高潮。故事的高潮部分是短视频的精华所在，集中表现了各种意想不到的冲突和情节，并让人们体验到欣赏剧情类短视频的快乐。而如何设计出令人耳目一新且合情合理的剧情冲突，使其成为短视频的高潮部分，就非常考验创作者的能力了。

（4）故事结局。这是剧情类短视频的最后一个部分，所用时间大多很短。它常常紧随故事的高潮而来，可能是一两个镜头，可能是剧中人物的几句对白，还可能是以字幕加音乐的方式作为剧终。总之，其特点是简短有力，令人回味。

需要注意的是，情景剧类短视频文案的写作已经算是剧本创作了。虽然不必像写小说那样进行详细的描写，但也要充分展现人物对白和场景，这就需要创作者通过拍摄、剪辑等方法来表现了。

二、文案模板

短视频名称《××××》

1. 剧情介绍

用两三行文字讲述本剧的故事梗概，并写出本剧的类型和特色，如家庭喜剧类、职场搞笑类等。

2. 剧中人物小传

（1）男主角。用简短的文字写出男主角的姓名、年龄、性格、衣着等，并简要介绍其背景及在剧中的故事。

（2）女主角。用简短的文字写出女主角的姓名、年龄、性格、衣着等，并简要介绍其背景及在剧中的故事。

（3）反派。用简短的文字写出反派的姓名、年龄、性格、衣着等，并简要介绍其背景及在剧中的故事。在很多情景剧短视频中，反派常常由配角担任。

（4）配角 A。用简短的文字写出配角 A 的姓名、年龄、性格、衣着等，并简要介绍其背景及在剧中的故事。

（5）配角 B。用简短的文字写出配角 B 的姓名、年龄、性格、衣着等，并简要介绍其背景及在剧中的故事。

3. 大纲

如果情景剧短视频只是单独一个，则本部分和正文剧本常常合二为一，如果是系列剧，则要在大纲部分对系列剧的故事走向进行详细讲述，便于创作者和演员把握整体剧情，了解其核心主线和本剧特色。

4. 剧本正文

第 1 集　名称《×××××》

第 1 场：要拍摄的场次

日 / 夜：夜晚 / 白天

内 / 外：室内 / 室外

场景：剧情发生的地点

人物行为：

人物对话：

…………

第 2 场：要拍摄的场次

日 / 夜：夜晚 / 白天

内 / 外：室内 / 室外

场景：剧情发生的地点

人物行为：

人物对话：

…………

第 3 场：要拍摄的场次
日 / 夜：夜晚 / 白天
内 / 外：室内 / 室外
场景：剧情发生的地点
人物行为：
人物对话：
…………

第 2 集　名称《×××××》

第 1 场：要拍摄的场次
日 / 夜：夜晚 / 白天
内 / 外：室内 / 室外
场景：剧情发生的地点
人物行为：
人物对话：
…………

第七节 “种草”带货类

最初，“种草”这个词出现在互联网上各种美妆论坛和社区中，指的是有人把自己购买或使用某种商品的体验、心得分享出来，供大家参考。后来，“种草”泛指人们用图文、短视频等方式向大众推荐品质较高的商品，促使用户产生购买行为的活动。现如今，在抖音、快手、小红书等各大短视频平台中，“种草”类短视频也爆火起来，成为一个不可小觑的短视频类别。其中，将“种草”类短视频经营得最为成功的平台当属小红书。在这个平台上，很多用户明知自己看到是一篇“种草”文或“种草”短视频，依然看得津津有味，甚至积极购买。这是因为除了平台的助力外，优秀的“种草”文案起了相当大的作用。

创作者要想让用户被“种草”，文案一定要写得精彩，要让用户不但记住商品的亮点和特点，还能产生非买不可的想法。因此，创作者在创作文案时，首先要考虑的是如何赢得用户对该商品的信任，然后激发用户的购买欲，最后提升成交量。

一、用文案激发购买兴趣

一般来说，“种草”文案一是为了吸引粉丝，二是要把东西卖出去。因此，想让用户被“种草”，文案就一定要能触及用户心中的“痒点”，激发出用户的购买欲。下面我们一起来看几个调动用户购买欲的方法。

1. 讲出亲身体验

创作者在“种草”前不妨先使用下这款商品，这样就能在“种草”短视频中将自己的使用感受和效果展示出来，并讲出自己的多感官体验和心理感受，让用户感同身受，这样就能大大提高成交率。这种“种草”方式适合食物、化妆品、贴身衣物等商品。

需要注意的是，在“种草”文案中，创作者不必只说商品的优点，也可以“吐槽”该商品一两个无伤大雅的小缺点，这样更能让人感到真实，增加用户的信任感。

2. 在对比中展现优势

俗话说：“对比方知优劣。”创作者推荐某种商品时，可以用一些竞品作衬托，让用户更直观地进行对比，了解荐品的优势。但是，创作者要本着诚信和实事求是的原则对比，不能为了自己的利益而胡说八道，一味贬低竞品，抬高荐品，以免弄巧成拙，甚至引起不必要的麻烦。

3. 多场景轮换

创作者可以根据“种草”商品的不同特点和用途，采用居家、办公、旅行、宴会等多场景的方式展现其多种实用价值。这种“种草”

方式适合服装、化妆品、外出常用物品、电子产品等。例如展示某款服装既适合日常办公，也适合旅行和游玩这样的场合穿着。

二、赢得用户的信任

用户在观看“种草”短视频时，如果对创作者和商品足够信任，那么成交率会较高。一般来说，只要创作者针对用户心中的疑虑做出针对性的解答，就能有效提升用户的信任度。下面是几个常用的提升用户对“种草”商品信任度的方法。

1. 用“权威”背书

“种草”商品获得过国家或行业的一些权威认证、奖项等，这些真实可查证的证书是商品品质的最佳证明，能打消很多用户的疑虑。所以，如果“种草”的商品有这些权威证明，就一定要在短视频中“晒”出来。同时创作者还要对这些资质、证明进行简明扼要的说明，以利于用户更好地理解其中的“含金量”。

2. 用事实说话

有些创作者为了让用户看到自己所“种草”商品的真实情况，会亲自或委托他人深入产地拍摄实景，然后以图文或视频的方式展示给用户。这是一种很好的展现商品真实情况的方式，能让用户对商品的产地情况和生产制造流程有所了解，消除用户对商品真实性的质疑。例如，去景德镇实地拍摄瓷器的生产、制造过程，去云南拍摄茶叶生长、采摘和炒制过程等。

另外，还有些创作者会根据“种草”商品的特点拍摄检验、测试视频，以翔实的检测过程来证明“种草”商品的可靠性。例如，对服装的面料、清洁用品的成分、厨房用具的材质等进行检测。

3. 展现服务优势

和线下购物不同，进行网络购物时用户无法看到商品实物，不能通过亲身感受来确定商品是否值得购买。因此，用户对网络购物的售后抱有较高的要求。如果文案中能在这方面下些功夫，展现“种草”的商品有令人安心的售后服务，就能进一步赢得用户的信赖。可以在短视频中展示厂家承诺的售后保障，比如“七天无理由退换”等，还可以向用户承诺商品的保修期和换货期等。

4. 展示销量

创作者可以在文案中加入“这款 ×× 在短短的一个月内已经销售二十多万件了”这样的话语，既能体现商品的受欢迎程度，又能增强用户对商品的信任度，促使用户下定购买的决心。当然，展示销量或销售额并不是让用户们知道该商品卖了多少件，我们赚了多少钱，而是要让用户在潜意识里感到该商品供不应求或非常受欢迎，想得到该商品要靠“抢”，从而激发用户的从众心理和购买欲。

5. 展示真实的售后评价

我们都知道，商家吆喝一千句不如顾客的一句真实的评价。如今的用户大多对商家的广告持怀疑态度，而更倾向于认同其他购买者对商品的真实评价。因此，创作者要了解用户的这一心理，要分享用户真实的商品使用体验或反馈，以说服潜在消费者。当人们看到数量众多的好评时，对商品的好感度自然上升，更乐于购买。需要注意的是，短视频中展示的售后评价一定要真实，不能弄虚作假，否则一旦受到用户的投诉或举报，不仅影响账号的热度和影响力，甚至可能因作假而被平台处罚。

三、提高成交率的技巧

当短视频中前半段的内容使用户对“种草”商品产生兴趣和较强的信任感时，短视频的后半段需要做的就是用恰当的技巧促使用户下单购买。下面是几种常见的提高成交率的技巧。

1. 价格对比

价格对比能有效提高成交率。一般有以下两种价格对比方式供参考。

（1）创作者将“种草”商品在短视频中的实际销售价格与官方定价进行比对。经常在网上消费的人都知道，商品的原价一般有点儿虚高，也正因为官方定价“高”，当短视频中给出较低的实际销售价格时，价格方面产生的对比会令人感到实惠。

（2）将“种草”商品的实际销售价格和同类知名商品的价格进行对比，并明确指出“种草”商品的品质与同类知名商品不相上下甚至更为优秀，而价格又便宜许多时，其优越的性价比自然就能说服用户进行购买。需要注意的是，在进行对比时，要实事求是，不能夸大，以免日后引起用户们退货退款或投诉抗议。

2. 低平均花费

有的人在面对性价比较好但自己并不急需的产品时，往往购买意愿不强。对于这类人群，我们可以采用低平均花费的方法打动他们，促使他们下单。具体来说，就是通过算一笔账，将购买该商品所花的钱平摊到一年或一个季度中的每一天。如此一来，这笔花费就会显得非常少，比需要时再购买会省很多钱。通过这种“算经济账”的方式，使人们看到实实在在的实惠，提高人们下单的积极性。

3. 人性关怀

当“种草”的商品品质很好，但价格有些偏高时，有些用户虽然已经“被种草”，但仍会举棋不定。这时我们可以从人性关怀入手。例如“种草”商品的用户多为女性时，我们可以提醒她们要多关爱自己的健康、美貌等；“种草”商品的用户多为男性时，我们可以强调男人是家庭的支柱，不能忽视自己的健康，或从男性要以专业形象出现在职场等角度进行介绍，从而促使其决定购买。

4. 利用促销手段

一些短视频博主在“种草”商品时，也常和商家合作，举行一些限时促销活动，使有兴趣的潜在消费者感到机会转瞬即逝，非常宝贵，于是会在紧张的氛围中尽快下单。

一般来说，我们可以结合节日、时令等进行适当的促销活动。例如，在端午节、中秋节、春节等节日前推出一些促销活动。还可以不定期进行一些限量促销、团购促销等活动，例如“2024 龙年限量纪念版手办”“满 100 人开团，折上折”等。

四、“种草”文案模板

1. “测评类种草”短视频文案模板

这类短视频需要创作者以消费者的身份对产品进行多方位的测试、分析和评价。创作者要对不同品牌的同类产品或同个品牌的多款产品进行详细比对，然后从功能、成分、效果、使用体验等方面讲出自己的感受，并给出相应的购买建议。

文案模板：开篇点题 + 展现多方面测评 + 具体使用感受 + 测评结果 + 推荐产品

2. “好物种草”类短视频文案模板

短视频博主主要是以消费者的身份讲述自己使用某款商品的体验和感受，需要讲出这种商品给自己带来的便利和帮助。

一般来说，博主要在开篇讲述自己的真实需求以及使用体验，且该需求与用户需求是一致的。正文部分主要是博主具体描述自己的真实使用体验，以及介绍这款产品的主要特点和卖点。需要注意的是，博主在介绍的过程中应尽量使用口语化或生活化的语言。在结尾部分，博主要对该商品进行总结，讲出其适合哪类人群，并以简短的语言促使用户下单。

文案模板：开篇讲出需求 + 因需求而寻到该商品 + 真实的使用体验 + 商品的特点和卖点 + 商品使用心得总结 + 推荐下单

3. 教程类“种草”短视频模板

这类文案需要博主给用户讲述一些生活或工作中需要的干货知识。这类短视频作品深受人们欢迎，其点击量和转发量都很高。

在开篇部分，博主要讲出自己的权威身份或相关真实经历、体验，增加用户对自己的信任感。在正文部分，讲述自己在某一细分领域或工作、生活中遇到的麻烦，并分条讲出自己总结的经验，使用户能真正从中受益。接下来向用户推荐相关商品，并讲解其使用方法、适用人群等。博主在讲述时，要言简意赅、风趣生动。在结尾部分，总结前文并点出该商品的独有特点或性价比优势，建议用户下单。

文案模板：开篇讲出博主的权威身份 + 具体讲解商品的使用方法 + 推荐商品 + 商品性能和特点 + 总结和建议下单

第八节 企业或团体官号类

如今，企业或团体的短视频官号（官方账号）已经成为重要的信息传播渠道。它们会在各种社交媒体发布最新的产品、服务或公告等重要信息。为了吸引受众，创作一篇清晰明了、有吸引力、具有影响力的短视频文案已成为企业或团体短视频官号的重要任务。

但这并不是一件容易的事情，因为企业或团体制作、发布短视频的初衷是为了提升企业或团体的形象，是为了让更多的人更详尽、更细致地了解企业文化、理念、产品信息等。企业或团体希望用这种方式来推广自己的理念，呈现自己的成就或对成员的服务，并期望得到更多社会人士的认可和支持。我们要想做好这两类短视频文案，就要明白其侧重点有别于其他类短视频文案，要以宣传为主，突出重点，努力为官号创造更多品牌价值。这类短视频文案常用的创作技巧和模板如下。

一、企业和团体官号短视频文案创作技巧

1. 须了解该企业或团体，明确文案的目的以及受众人群

与个人短视频账号不同，优秀的文案对于企业或团体的短视频官号来讲至关重要。在创作文案前，创作者要对企业或团体有深入的了解，比如企业或团体的文化背景、规模、行业现状、竞争对手等。企业和团体的官号除了利用文案获得更多流量和关注外，还要利用文案充分展示其品牌及产品。因此，文案的侧重点首先要放在宣传企业或团体的品牌以及相关产品的卖点等方面。

另外，在创作短视频官号文案之前，创作者还要明确文案的受众人群。只有了解了文案的受众，创作者才能从受众的喜好入手，更准确地确定文案的风格、内容以及其他核心信息。在创作时，可以结合大多数用户的共同痛点，写出用户关心的内容，在帮助用户解决问题的同时，对企业或团体起到宣传作用。

2. 主题鲜明

这类文案的主要目的是宣传企业或团体的理念或推广新产品，所以我们在撰写这类文案时应直奔主题。用通俗的语言讲述企业或团体的目标、追求、社会责任等，拉近企业或团体与用户之间的距离，得到用户的认同和支持。在介绍产品时，我们在简短地说明产品的功用后，应将重点放在产品的特点或服务优势上，这样更有利于给用户留下良好印象。需要注意的是，文案内容要尽量避免使用过于专业化的词语，以免影响用户的理解和观看体验。

3. 用故事吸引用户

提起故事，我们的脑海里会浮现出“生动”二字，这是因为生动的故事比干巴巴的道理更有吸引力。如果我们将要宣传的事物用故事的方式演绎，感染力就会更强，也更容易被用户所接受。因此，我们在创作这类短视频时也可以通过充满趣味的故事来吸引用户的目光，让用户在生动的故事中更好地理解和接受企业或团体的产品或服务。

4. 保持风格一致

这类官号是企业或团体形象和实力的体现，是他们在短视频平台的官方门户。因此，此类短视频创作要和企业或团体的总体风格保持一致。具体来说，就是根据其所处行业、产品及服务对象的不同定位，展现出企业或团体与众不同的特色。例如，对于高档进口乘用车来说，其官号所展现的风格大多为庄重、高贵、典雅等。其中，不同品牌的乘用车在此基础上还有各自不同的定位，如针对都市年轻人的青春运动风格，针对商务人士的豪华尊贵风格，针对关注健康与环保人士的安全、健康和绿色风格，等等。又如，以小家电为主要产品的企业定位则为科技感、温馨、省时省力、提升家庭幸福感等。因此，短视频文案应围绕产品的特点进行策划，要在与企业或团体风格统一的基础上进行创作。

5. 增加互动性

这类账号和个人账号相比，更具有权威性，所以也更容易赢得用户的信任，用户也愿意和这类账号进行互动。因此，我们在文案中应加强对用户行为的引导与转化。具体来说，就是将联系方式告诉用户，鼓励用户主动联系官方账号或客服人员咨询相关事宜，并鼓励用户主动将需求和想法发送给官方账号，以提高官方账号的转化率和变现能力。这类引导式信息的展现方式多种多样，既可以用字幕的方式显示在短视频中，也可以通过配音呈现，具体呈现方式视需求而定。需要注意的是，短视频中的信息展示应简洁明了，不应占用太多时间，以免引起用户反感。

二、企业或团体短视频官号文案创作模板

1．品牌宣传类

这类短视频既要体现企业或团体的品牌形象，又要传播其品牌文化和理念。因此，这类短视频很少集中展示某款产品，而是通过感人的故事、唯美的画面和有代表性的几种产品体现主题。这种短视频大多会结合即将到来的某个特殊时间点而推出，如端午节、国庆节、春节等，或企业和团体成立周年、纪念日等。短视频中大多会加入相应的节日和主题元素进行演绎，并以企业或团体的品牌标识作为视频结尾，以加强人们对该品牌的视觉印象。

一般来说，这类短视频文案以优美的画面或演员出众的表演来展现品牌的魅力，常以画面和配乐为主，字幕和配音为辅。

创作模板：吸睛开场 + 感人剧情 + 节日（或主题）元素 + 品牌标识

2．产品宣传类

一般来说，产品宣传类短视频是企业短视频官号中的主要内容，以官方身份对企业新推出的产品进行宣传推广，以达到提高品牌影响

力或促进销量提升的目的。这类短视频常用的呈现方式及文案创作方式有以下三种。

（1）写实性短视频。这类短视频的重点在于简单明了地展现产品的外观特色、功能优势和给用户带来的价值。这类短视频文案以写实性创作为主，通常以第三方的视角从外而内地向用户展现产品的各个细节和多种应用场景下的优秀表现，最后以点明或强调产品型号及公司品牌标识作为结尾。

创作模板：产品外观特写 + 多场景展现产品特色 + 产品型号 + 品牌标识

（2）故事类短视频。这类短视频的文案以有创意的故事为主要内容，故事要积极向上、有正能量，要将某款产品植入该故事的场景中，并将它作为推动剧情发展的关键元素，谱写故事圆满或美好的结局，这类作品仍然以产品型号和品牌标识作为结尾。

创作模板：故事开场 + 故事发展 + 产品促进剧情高潮 + 美好结局 + 产品型号 + 品牌标识

（3）品牌联名类短视频。近几年，联名品牌的促销活动也推出各类短视频宣传。所谓联名品牌促销活动，就是由主品牌与其他高端品牌合作，共同推出联名活动和联名产品，以增加品牌影响力，扩大消费者群体。这类短视频的文案大多以品牌的代表性产品作为开篇，并在多种场景变换中体现这两个品牌联手推出的产品的一些特色或优异之处，最后以产品型号和联名品牌双方的品牌标识作为短视频结尾。不过，在这类短视频文案中，创作者不宜对该产品进行面面俱到的详细介绍，而是要将重点放在因两个品牌联手，产品所展现的高端风格及其稀缺价值上。

创作模板：联名品牌特色场景 + 两个品牌结合的多场景 + 产品型号 + 品牌标识

3. 专题展现类

这类短视频常用来展示企业或团体的各种活动或某些成就。一般来说，可以分为主题介绍型和人物纪实型两种创作方式。

（1）主题介绍型短视频。当企业或团体想要向大众介绍其举办的某些活动，如内部活动或公益活动时，常使用这种创作方式，旨在体现企业或团体的活动宗旨和成果。这类视频大多会开门见山地点出主题，然后展现一系列活动场景和活动参与者的感受，给人以积极向上的印象，最后以企业或团体的品牌标识作为视频结尾。

创作模板：主题开篇 + 活动场景 + 参与人感言 + 企业或团体的品牌标识

（2）人物纪实型短视频。在进行这类短视频文案创作时，创作者应以点带面，用呈现人物经历的方式讲出参加活动的过程和自己的感受，创作形式类似于人物纪录片，这类作品的表现方式也更为细腻、真实、自然。视频开篇大多介绍人物背景，跟拍该人物参加活动或日常生活场景，在巧妙的剪辑下，给人以强烈的真实感和极强的感染力，最后以人物形象和团体的品牌标识作为短视频结尾。

创作模板：人物背景 + 人物经历 + 人物感受 + 企业或团体的品牌标识

第七章

善用 AI 工具，
批量创作短视频爆款文案

第一节 AI 创作有多厉害

随着科技的发展，AI（人工智能）创作工具逐渐进入人们的工作和生活，成为很多创作者的得力助手。现在，AI 创作已经不只是停留在文字生成的初级阶段，而是变得既能写小说、散文，又能帮助作者完成剧本创作的工作，甚至可以帮助创作者完成颇具创意性的广告文案或创作出韵味十足的现代诗歌……可以说，AI 技术的进步为创作者提供了全新的创作方式，也为创作者提供了全新的机遇。

一、从“不可能”到“能做到”

写作是 AI 创作的领域之一，AI 写作指的是人们利用人工智能技术辅助自己进行各种文字创作的过程。若干年前，人们还认为这是一件不可能实现的事情，觉得机器人是无法完成高水准的文章的。

但是，当这一切变成现实的时候，很多人的思想发生了转变。人们认为既然 AI 可以代替人类从事基础性写作工作，那么就可以把简单的写作工作交给它，自己将更多的精力放在更需要花费精力的地方。于是，利用 AI 进行文案创作目前成为许多文字工作者的选择。通过大数据分析和机器学习，AI 写作工具能够理解并在短时间内自动生成许多篇有水准的广告语、宣传文案等。它还能理解语言的结构和含义，并能根据反馈数据对文案进行优化，使文案更符合目标受众的需求。可以说，利用 AI 写作工具进行创作，不仅可以提高创作者的工作效率，还可以提升短视频的传播效果。

二、专家型创作助手

AI 写作工具拥有自然语言处理、机器学习和深度学习等技术，能对输入的关键词、指令等进行自动分析，然后生成文字，因此而成为专家型的创作助手。

如今，AI 写作工具已经不仅仅是人们日常写公文、进行广告文案创作时的得力助手，它还能在一定程度上激发创作者的创作灵感。这缘于 AI 写作工具的特性：拥有庞大的资源库，全天在线，随时可为创作者提供写作提示、故事情节发展建议等，甚至还可以像老师一样修改和完善文稿。值得一提的是，经过特定的数据训练后，AI 写作工具还能模仿指定创作者的写作风格和思路，写作过程更加高效。此外，它还可以实时反馈，帮助创作者发现并纠正语法、拼写和标点符号方面的错误等。

AI 正以强劲之势在更多领域大显身手。例如它在音乐领域也大放异彩。在某个音乐综艺节目上，AI 曾以绝对优势打败了众多音乐才子。在节目中，AI 创作工具不仅能生成优美旋律和歌词，还可以创作出复杂且动听的音乐作品，令人们为之叹服。

随着技术的不断进步，在可见的未来，各种AI创作工具将更加智能化、便捷化，甚至能更逼真地模仿人类大脑的思维，创作出更有创意的作品。它强大的能力不仅会改变人们的生活，还会让人们重新调整自己与人工智能之间的关系。总之，无论未来科技如何变化和发展，创作者在当下可以深入了解并利用这一先进技术，创作出更多、更优秀的短视频文案。

第二节 了解 AI 创作的内在逻辑、原则和优势

古话说得好："知己知彼，百战不殆。"我们要想更好地应用 AI 进行创作，就要先了解 AI 在创作时的内在运作逻辑和创作流程。

一、AI 创作时的内在逻辑

AI 创作时主要基于三个逻辑步骤：数据收集、分析处理和生成输出。

1. 数据收集

AI 在创作时，不像人类那样需要先通过大脑思考，再去进行创作，它进行创作的前提条件是利用一切可用资源，将庞大的数据全部收集过来，再将得到的数据分门别类地储存在后台中。

2. 分析处理

AI 会利用复杂的算法将相关内容筛选出来，并根据创作者输入的指令对数据进行处理，得出最优结果。

3. 生成输出

AI 对处理后的数据再进行进一步的整理和生成，最后以文本、图

片、音频或视频的方式呈现在我们面前。

也就是说，AI 创作的本质是从庞大的资料库中收集大量文本、图片、视频和音频资料，而后通过复杂的算法和对应的行业数据模型对这些资料、数据进行处理和分析，然后将信息有针对性地提取出来。最后，再经过复杂的逻辑分析，生成符合要求的文本、图片或音视频内容。

由此来看，AI 创作其实是一种高级的模仿活动，它生成的文章虽然文通句顺，看起来有些新意，但本质上都是借鉴资料库中的内容，只是更高级的“鹦鹉学舌”，还远达不到真正创新的程度。

二、借助 AI 进行创作的原则

根据 AI 创作的内在逻辑，我们知道 AI 进行创作其实就是人工智能软件对数据进行处理，因此，创作者在使用 AI 创作工具时，要明白使用原则，讲它们能“听得懂”的话，才能更好地利用它们。

1. 多提供“原料”

AI 创作工具能否发挥出相应的作用，还要看创作者输入的数据量是否足够多、质量是否够好。因此，在 AI 进行创作时，创作者还需要为 AI 提供自己独有的数据资料，将这些资料作为 AI 创作的“原料”，使 AI 创作工具生成更符合创作者要求的内容。

这就需要创作者日常多积累素材，并将自己收集的素材资料分门别类地保存，并经常将其“投喂”给 AI 创作工具。例如创作者将自己所写的文案文本输入到 AI 创作工具中，并提示它“请按照这种风格创

作一篇以 ××× 为主题的文案”。AI 创作工具收到指令后，就能根据创作者的要求，生成 ×× 风格 ×× 主题的文本内容。

2. 理清思路

虽然 AI 创作工具能回应创作者的指令，但它毕竟是人工智能，并不能像人类的大脑一样进行复杂的思考。如果创作者在使用 AI 创作工具时只告诉它一个模糊的概念或笼统的想法，那么它也无法写出一篇高水准的文案。所以，创作者在使用 AI 创作工具之前，应先理清自己的思路，然后再将清晰的目的或准确的需求告诉它，这样才能方便它生成相应的文章。比如，在“请写一篇关于动物保护的短视频文案”和“请写一篇关于城市流浪狗的动物保护短视频文案”中，很显然 AI 创作工具能更好地执行后一个要求。

3. 语言具体准确

AI 创作工具只是一个比较智能化的工具，它们对简洁明了的指令分析得更精准。因此，创作者在使用 AI 创作工具时，语言应简洁，要以短语或短句及关键词的方式来表达自己的需求。我们如果对 AI 创作工具生成的内容不满意时，要进一步用简练、准确的指令来要求其进行修改和完善。例如“请将第二段中的案例更换为……”，“请将语言风格修改得更活泼亲切些”，“请将文章篇幅缩短一半”，等等。

三、AI 创作工具的优势

1. 提高创作效率

AI 创作工具响应创作者要求的时间极短，比如文本生成这项工作它们可以在十几秒内完成，这使得创作者能够将更多的时间用在其他工作上，有利于提高作品质量。

在短视频创作中，有一部分工作内容是重复性的、基本性的，而AI创作工具的一些功能正好能帮助创作者减少这类负担，如排版、校对、检查语病和违禁字词、制作表格等。AI创作工具能很好地解决这些问题，使得创作者可以把更多精力放在更有创造性的工作中。

2. 适应面广

如今，为了适应各行各业的工作需求，各种各样的AI创作工具被研发出来。例如AI绘画创作工具、AI视频创作工具……这些AI创作工具各有所长，组成了适应面极广的AI工具“家族”。它们不仅能帮助创作者“减负”，甚至能使“一个人就能完成以往一个小团队才能完成的任务”成为现实。

3. 拓展思路和想象力

AI创作工具的数据库中有海量资料，汇聚了从古至今无数名家的创作思路和创意点子，而这些内容是许多创作者不可能全部了解的。AI创作工具能帮助创作者弥补这一短板，帮助创作者获取灵感和思路。例如，创作者可以对AI说：“帮我列出二十个夫妻相处的技巧。”“请根据这个故事开篇写出十个剧情走向。”AI在极短的时间内就可以展现结果。

第三节 常见 AI 创作工具的应用领域

AI 创作工具能在诸多方面为人们提供重要的帮助。但是在实际工作中，仍有不少创作者对它们的应用范围并不十分了解，以至于不能充分发挥这类工具的作用。那么，AI 创作工具主要应用于哪些领域？都包括哪些范围呢？我们一起来了解一下吧。

1. 内容生成

内容生成领域的 AI 创作工具包括文章生成工具、图片创作工具、视频生成工具、音频生成工具和图表生成工具等。例如，当创作者在进行文案写作时思维受阻，或当工作任务重，创作者没有宽裕的时间寻找灵感时，都可以利用 AI 写作工具来生成文本的初稿。甚至有些 AI 写作工具还能根据创作者提供的关键词或主题，快速生成一篇新颖且有趣的文章，创作者只需要在此基础上对文章进行修改和完善就可以了。当然，如果 AI 写作工具生成的内容达不到创作者的预期效果，创作者可以让其多生成几次，以帮助自己找到写作的灵感和思路。同样，图片、视频、音频、图表等也可以利用 AI 创作工具进行多次生成，创作者可以从中选择更符合自己要求的。

2. 文本修改和润色

对于短视频文案创作者来说，一篇优秀的文案不仅包括有创意的选题和具有吸引力的语言，文案本身还要整洁完善。倘若文案中频频出现语法错误、错别字，乃至平台明令禁止的敏感字词，不但会影响用户的观看体验，而且很可能影响短视频的发布，甚至被平台下架。因此，很多创作者写完文案后，还要费力费时地进行检查。这对他们来说是一件性价比极低的事情。但是现在，他们可以利用相关的 AI 写作工具快速、准确地检查并修正这些错误。

除了校对、修改文本之外，AI 写作工具还能根据创作者的要求对文案中的某些段落和语句进行润色，创作者就可以对润色过的文案做进一步的修改完善。这种人机结合的工作方式可以很大程度地提高文案创作的效率和质量。

3. 用户行为和市场分析

后台数据分析是抖音、快手、小红书等短视频平台为创作者提供的强大功能，这其实也是平台为创作者提供的辅助创作的 AI 功能。后台的数据分析 AI 悄无声息地从喜好、习惯、关注点、痛点等各方面，对短视频账号下的用户行为进行分类整理和总结，为创作者提供用户画像。后台的数据分析 AI 将上述几方面以数据和图表的方式呈现在创作者面前，便于创作者做进一步的分析。

除了平台提供的这些便利之外，第三方公司也会提供多种相关 AI 工具，也能帮助创作者了解各短视频赛道头部和腰部账号的各种数据，有效地分析用户行为。这些 AI 工具大多会提供实时热点数据搜集和分析、热点预测、短视频选题推荐等一系列服务功能，可让创作者从更高的纬度了解自己在该赛道中所处的位置以及今后努力的方向。这些 AI 工具已经成为短视频工作不可或缺的得力助手。

4. 智能推荐

我们在抖音、快手、小红书等平台刷短视频时，有没有发现平台推荐的内容几乎都是自己喜欢或经常观看的类型？这是因为短视频平台检测到用户对某类短视频感兴趣后，就会增加对这类作品的推荐。这就是后台的 AI 对用户的喜好进行分析的结果。平台的这种功能也能促使创作者深耕于某个领域，以获得更多粉丝和流量。

另外，创作者也可以利用免费或付费的智能推荐技术向用户推荐相关内容或产品。例如，如果知道某个用户群体对创作者的某个短视频很感兴趣，为了抓住这波流量，创作者可以利用平台的付费推广功能来向该群体推荐自己的其他作品。这种推荐方式效果很显著，不仅可以提高用户的满意度和黏性，还可以提高短视频账号的影响力和变现能力。

第四节 能写能改，使用 AI 写作工具创作文案的方法

随着人工智能技术的不断发展，AI 写作的优势也越来越显著，创作者只需在 AI 写作工具上进行简单的操作就能改写部分内容或者生成新的文章，大幅度提高了创作效率。但是，仍有不少创作者对 AI 写作工具不甚了解，无法熟练应用。本节将具体介绍使用 AI 写作工具进行文案创作和内容修改的方法。

1. 利用 AI 写作工具进行文案创作

AI 写作工具有很多种，创作者利用 AI 写作工具进行文案创作时，应结合自己的写作习惯，选择一款适合自己的写作工具。目前，市场上功能比较成熟的 AI 写作工具有 ChatGPT4.0、谷歌 AI 写作、讯飞写作、文心一言等。这些 AI 写作工具的使用方法大同小异，都能够根据指令快速生成文案内容，具体操作只需以下四步就能完成。

● 第一步：明确需求

创作者首先要了解相关短视频的受众人群或产品特点等，根据这些因素确定短视频的主题和需要 AI 写作工具完成的任务。

• 第二步：写出指令词句

创作者根据自己的需求在 AI 写作工具中输入简洁而具体的指令词句，包括相关背景信息和资料、具体目标和具体要求等。

其中，相关背景信息指的是 AI 写作工具完成该项写作任务所需的相关背景及资料，如网络上已有的资料、创作者输入的资料等。具体目标指的是 AI 写作工具完成创作者给予的任务后所生成的作品形式，如活动方案、小说、剧本、表格、图片等。具体要求指的是创作者提出的细节要求，比如“活泼的语言风格”“哀婉的国画风等”。

综上所述，一条合格的指令词句组成结构如下：

指令词句 = 相关背景或资料 + 完成方式 + 具体目标 + 具体要求

例如，一条优秀的指令词句例子是“请根据已有的宋词数据，以宋代词人的身份撰写面对秋日雨景时感觉人生落寞的词，符合《菩萨蛮》词牌格律的要求”。而不理想的指令词句则缺少上述成分，具体要求不明晰，很难让 AI 写作工具生成理想的内容，比如“请写一首关于大海的诗”“请写一篇关于春运的文章”等。

• 第三步：输入指令

创作者一旦确定指令词句，就可以将其输入 AI 写作工具的对话框中，点击“发送”按钮后，AI 写作工具就可以在几秒钟至十几秒钟内，生成一篇大致符合创作者要求的文案。

• 第四步：输入修改文案的指令

AI 写作工具生成文案后，创作者得到的只能算是文案初稿，肯定还有许多不满意、不完善的地方。这时，创作者可以针对不满意的地方，输入新的指令，使其重新生成，直至得到令自己满意的文案。另外，AI 写作工具在完成任务后，会自动跳出一些相关提示，方便创作者选择是否进行进一步操作。例如，在 AI 写作工具生成一篇活动策划方案后，界面下方会出现“您可以问我‘更详细的活动策划内容’‘列出活动经费清单’等”。

另外，如果创作者想要 AI 写作工具模仿某种具体的风格生成一篇新的文案或文章时，就需要将自己指定的文案也一同输入其中，并给出具体的指令词句，这样才能得到想要的文案。

例如，“‘这款杯子物美价廉，内胆用的是 316 不锈钢，外壳采用了电镀工艺，手感非常好，而且经久耐用。其保温性也非常理想，一杯开水可以在 24 小时之后仍然达到 60 多度。这款杯子在近三个月内销售了 70 万个，好评如潮。’这段话讲述了商品的材质、具体功用和销量，请模仿上面这段话写一篇充电宝的直播文案”。

2. 利用 AI 写作工具修改文案

有的创作者更习惯于自己撰写文案初稿，这就涉及整理格式，修改标点符号、错别字、病句等烦琐的工作环节。这时，创作者就可以将文案初稿交给相应的 AI 写作工具进行修改。

- 第一步：选择合适的 AI 写作工具

根据自己的需求及使用习惯，选择一款适合的 AI 写作工具，如微软的 Grammarly、百度的文心一言等。

- 第二步：上传文案

创作者将需要修改的文案或习作上传至中 AI 写作工具，并提出具